U0611668

中华先烈人物故事汇

杨根思

军事科学院解放军党史军史研究中心

学习出版社

中华先烈人物故事汇《杨根思》编委会

主　任：张从田

副主任：陈秋波　曲宝林　陈传刚
　　　　余　戈

编　委：郭　芳　周　鑫　王　冬
　　　　王　雷　李　涛

主　编：郭志刚

副主编：王　冬

编　著：陈秋波　王圆博

目 录
Contents

引子

特级英雄杨根思有句座右铭："我就不相信有完不成的任务，不相信有克服不了的困难，不相信有战胜不了的敌人。"

"困难是豺狼，不战胜它，它就会吃掉你。只要有一个坚强的意志，就不怕九十九个困难。"他就是凭着这种顽强的意志和坚定的信念让自己走向辉煌。

杨根思，原名羊庚玺，1922年11月7日出生于江苏省泰兴县五官乡羊货郎店一个贫苦农民家庭。6岁时，父亲被地主逼债惨死，不久母亲又含恨离开人间。杨根思与哥哥羊龙玺靠乞讨过活，饱尝人间辛酸。11岁时被迫到地主家当放牛娃，因不甘忍受地主家的欺辱而愤然离开，随后跟着哥哥流落到上海林记地毯厂当童工。

1944年2月，杨根思回到家乡参加新四军，被分配到第1师1团1营3连9班当战士。在入伍后的第一次战斗中，他用两颗手榴弹炸死敌哨兵，摧毁敌机枪火力点，为突击部队开辟前进道路，被评为"战斗模范"。

1946年10月，在鲁南战役郭里集战斗中，杨根思突破敌人严密的火力封锁，用拉雷炸毁敌前沿阵地地堡，被表彰为"爆破大王"。

1947年1月，在齐村攻坚战中，杨根思连续爆破国民党军碉堡群，攻入敌指挥所，俘虏国民党军1个连，被华东野战军政治部授予"华东一级人民英雄"荣誉称号。随后跟随部队转战南北，先后参加战役战斗数十次，被提升为排长。在淮海战役夏砀战斗中，杨根思带领3排连续攻击敌7个子母堡群，后又在敌三面火力的攻击下，带领官兵坚守阵地6个小时，出色完成战斗任务，被华东野战军第一纵队授予"华东三级人民英雄"荣誉称号。

1950年9月，杨根思作为第三野战军的战斗英雄代表，光荣出席了全国首届战斗英雄和劳动模范代表大会，受到毛泽东等党和国家领导人的亲切接见。10月，杨根思回到部队后被提升为连长。他积极响应党中央"抗美援朝，保家卫国"的伟大号召，随部队紧急奔赴朝鲜战场。为阻止以美国为首的"联合国军"的疯狂冒进，占领朝鲜、侵略我国的野心，杨根思和部队官兵来不及换上冬天的装备，身穿单薄的棉衣和胶鞋，冒着严寒，奉命急速赶赴朝鲜的东线战场，在长津湖地区阻击和围歼美海军陆战队第1师。

11月25日，第二次战役打响，杨根思奉命带领3排，在长津湖地区下碣隅里1071.1高地东南小高岭阵地上担任阻击任务。

11月29日拂晓，气温降到零下40摄氏度，杨根思带领3排的战士，踏着积雪迎着扑面的寒风踏上小高岭。杨根思环视了小高岭的地形后，深感任务的艰巨，在给3排官兵战前动员中讲道："美陆战第1师已被兄弟部队团团围住，他们拼死想从这条公路向南突围，我们要像一把尖刀扎在这里，坚决守住小高岭，决不后退半步！"

随着黎明到来，雪下得越来越大，杨根思把兵力和火力布置好，带领战士们挖了一些简易的散兵坑。天亮之后，美军出动 11 架 F-86 型敌机，向 1071.1 高地和小高岭投下大批的炸弹和凝固汽油弹。随后，山下的美军又向小高岭进行了一阵猛烈的炮击。接下来，成群的美军在坦克的掩护下，开始向小高岭发起一次又一次的疯狂冲击。战斗至上午 10 时，美陆战第 1 师已连续发动了七八次疯狂进攻，整个阵地硝烟弥漫，弹痕累累，但小高岭阵地始终控制在 3 排手中。

此时，小高岭上只剩下杨根思、重机枪排长和通信员 3 个人，弹药也即将耗尽。满脸血迹、浑身伤痕的杨根思命令机枪排长带着重机枪和通信员撤回主峰，留下自己一个人坚守阵地。杨根思收拾起仅有的武器：一包炸药、3 枚手榴弹和手中的驳壳枪，顽强地阻击蜂拥而上的敌人，最后关头，抱起炸药包，冲向敌群。随着震天动地的一声巨响，杨根思用生命和鲜血践行了"人在阵地在"的铮铮誓言。

苦难的童年

苦难中挣扎的羊庚玺

1922 年 11 月 6 日夜，一场大雪覆盖了江苏省泰兴县境内的长江两岸，宽阔的江面上，一条小帆船在飘舞的雪花中，正由江南驶向江北。

泰兴县羊货郎店佃户羊德堂的父亲羊金魁，被地主郑老三逼债，狠心把小女儿卖到了江南。他刚从江南拿到钱，就急急忙忙和村里的农民"二疤子"结伴搭乘上了这条过江的船。当船行至江心时，突然从船舱里走出来几个凶悍的土匪，不由分说就对船上的人进行搜身抢劫。羊金魁拼命地护着钱袋子，凄惨地叫喊道："这是我卖女儿的钱呀，你们不能抢啊！""二疤子"也上前帮忙阻拦，谁知土匪不但抢了钱，还将他俩一同推入江中。

"二疤子"身强力壮，熟知水性，奋力向江北游去。羊金魁在江水里挣扎着，好不容易抓住了船帮，一个凶残的家伙从船舱里拿出斧头，朝羊老汉的双手砍去。

"救命啊！"鲜血染红了一片江水，江风吹散了呼救的声音，不一会儿，汹涌的浪头就把羊老汉吞没了。

原来羊老汉和"二疤子"搭上的是一条土匪船，这是一帮与军阀孙传芳部队狼狈为奸，专在江上干杀人越货勾当的家伙。

天刚蒙蒙亮，离北岸十几里的羊货郎店渐渐露出了它的轮廓，村上三十几户人家，大多是世代贫穷的佃农、长工。

一扇用高粱秸秆扎成的门开了，羊德堂满面愁容地拿着一个空瓢走了出来，他正焦灼地向远方望去，盼着年迈的父亲早点归来。

屋里传来一阵阵女人痛苦的呻吟，羊德堂的老婆要生了，可是米坛子里一粒粮食都没有。

他远远地看到一个人影神色慌张地向这里跑

来："德堂哥！德堂哥！出事啦……"

"大兄弟，出什么事啦？"羊德堂站在门口惊愕地问。

"你爹和'二疤子'从江南回来搭上了土匪的船，'二疤子'逃回来了，你爹被土匪砍死在江里了……"报信人气喘吁吁地讲述着经过。羊德堂像挨了重重的一锤，脑子"嗡"的一声，手中的空瓢落在了地上。

这时，草屋里传来了"哇哇哇"新生婴儿的啼哭声。

"苦命的伢儿，你生的不是时候啊！"羊德堂颤抖的双手紧紧地抓住自己的胸襟，绝望地叫喊着，泪水流淌在满是皱纹的脸上。

这个在寒风凛冽中出生的婴儿，是羊德堂的第二个儿子，他的到来并没有给这个贫苦的家庭带来一丝的欢乐，相反全家人都沉浸在失去亲人的悲痛之中。

孩子出生后，似乎明白自己的处境，竟然不哭也不闹，饿的时候只是蹬蹬腿，舞舞手。娘的奶水是不够他吃的，不到一个月就只能吃妈妈用瓦罐熬的米糊糊。满月的时候，父亲按照羊家的字辈，请人给他起了好听的名字，叫羊庚玺，也就是后来的战斗英雄杨根思。

羊德堂是个老实憨厚的庄稼汉，40岁刚出头，已经被生活的重担压得腰弯背驼。一家四口仅靠四叔留下的两亩沙地艰难度日。羊庚玺的妈妈刘氏得了一身重病，一年中将近有大半年时间不能起床。

寒来暑往，转眼羊庚玺5岁了，苦难的生活使他过早地懂得了父母的艰辛。他跟着哥哥羊龙玺挖野菜、拾麦穗、捡山芋，帮着父母分担生计。然而，家里借的高利贷像滚雪球一样翻着跟头往上翻，债主家的狗腿子三天两头来逼债，压得羊家喘不过气。为还债，羊德堂不得不又租种了地主家的几亩地，还借来麦种，头年播下后，一家人起早贪黑地除草施肥，指望来年能有个好收成。

好不容易盼到收获的季节，眼看金黄的麦子在地里长势喜人，还没来得及收割，地主便派人传下话来："歉年不减，丰年加成，今年的租子一律加二成。"羊德堂无奈，只好把苦水往肚子里咽，盘算着自家总能剩下一些的。收割的麦子还没等晒干，地主的大管家便带着一帮狗腿子来收租，大管家噼里啪啦打了一通算盘，场上黄灿灿的麦子一大半被装进了地主家的大口袋。

年幼的羊庚玺瞪着眼睛看着大管家的算盘，他不明白为什么算盘一阵响，家里的麦子就被他们拿走了。

收租的人前脚刚走，逼债的人又上了门，剩下的麦子又全倒进了高利贷债主家的粮仓。

全家人辛辛苦苦劳动一年的成果，最后竟然颗粒不剩。被榨干血汗的羊德堂气得口吐鲜血，怀着满腹怨恨惨死在了草垛旁。羊庚玺的妈妈踉踉跄跄地奔出来，一头扑在羊德堂的尸体上，号啕大哭。她哭着哭着，嘴里吐出一团团白沫，两眼向上直翻，昏厥过去了。

等她苏醒过来，人们诧异地发现她连自己的亲骨肉都不认识了，她疯了。吃人的世道把一个勤劳善良的妇女逼疯了。没几日，羊庚玺的妈妈便丢下羊庚玺兄弟二人，含恨离开了这暗无天日的社会。不满 6 岁的羊庚玺只好跟着哥哥羊龙玺在这苦难的人世间相依为命。

1930 年 8 月，一场百年不遇的洪水把苏北平原变成了一片汪洋，江堤决口、房屋倒塌，洪水过后，饥荒遍野、灾民成群，羊庚玺和哥哥羊龙玺靠着乞讨，剥榆树皮、吃"观音土"勉强度日。

有一天，从上海来了一个招童工的工头，把哥哥羊龙玺和邻村几个较大一点的孩子拐带走了。从此，羊庚玺就像漠漠长空里一只折翅的孤雁，饥饿、疾病甚至死亡在向他逼近。乡亲们看着这个可怜的孩子，只好东家拿一碗米，西家给一碗粥，在穷人们的帮助下，他才顽强地活了下来。

苦难的生活、悲惨的遭遇、强烈的仇恨使他变得越来越沉默寡言、孤僻倔强。为了能有一口饭吃，羊庚玺 11 岁那年离开羊货郎店，来到太平州一个外号叫"钱拐子"的周姓地主家当放牛娃。条件是放一年牛，管吃管住，年底给两块工钱。羊庚玺每天除了放牛外，还要推磨、打草、晒牛屎……干的牛马活，睡的牛窝棚，吃的猪狗食。夏天，蚊虫、牛虻把羊庚玺身上叮得找不到一块好皮肤。冬天，羊庚玺的双脚冻得红肿，有时只能伸进冒着热气的牛粪里取暖。一天天忍受着地主家的虐待，苦

难的放牛娃眼看着一年就要熬到头了，按当初"钱拐子"答应的条件，过不了几日，羊庚玺就可以拿到两块钱的工钱了。

这天傍晚，羊庚玺背着满满一筐牛草，牵着大水牛，回到牛棚，他刚放下草筐，地主就背着手来了。羊庚玺知道"钱拐子"经常来检查牛草，借故打骂或是克扣一顿饭。羊庚玺刚系好牛绳，就听见"钱拐子"吼道："你打的什么草？这种荞麦秸，牛吃了会中毒。"羊庚玺回头一看，草筐打翻在地上，地主抓着一把开了花的青荞麦，羊庚玺不禁愣住了。羊庚玺忙辩解说这不是他打的草。"钱拐子"狡黠的眼睛里射出两道凶光："你想毒死我的牛，还不认账，给我滚！""钱拐子"把手里的青荞麦秸狠狠地朝羊庚玺的身上摔去。

羊庚玺明白了，这是"钱拐子"为了赖工钱想出的毒点子，他气得颈上暴青筋，抓起自己的破衣服转身离开了。羊庚玺一年到头辛苦劳作，却被地主讹了工钱，分文未取被赶了出来。上哪儿去呢？天下这么大，难道真没有自己立足生存之地？于是他决定去上海找哥哥。

上海织地毯的童工

羊庚玺背着一卷破棉絮，在泰州登上了开往上海的客轮。轮船一靠岸，下船的旅客像决堤的洪水朝外涌，羊庚玺不由自主地被蜂拥的人流推出了码头。

初到上海，在这灯红酒绿的大都市，羊庚玺只觉得眼花缭乱，分不清东西南北。马路两旁楼房林立，霓虹灯广告耀眼刺目，汽车、人力车横冲直撞……眼前这般情景和凄凉冷落的羊货郎店完全是两个天地，羊庚玺怯生生地进入了一个新奇的世界。

他带着哥哥托人捎回来的地址，一路打听，也不知穿过多少条马路和多少条弄堂，才来到了林记地毯厂。

林记地毯厂规模不算大，两楼两底，一个天井。楼上是老板的住宅，楼下排列着9台织毯的木机，二十几个骨瘦如柴的童工，被关在囚笼般的车间里，整月整年地干着成年人一样的活。

羊庚玺找到了哥哥羊龙玺，兄弟俩还没说上几句话，就被地毯厂的老板娘喝住，只见老板娘捏着一根二尺多长的毛竹棍，瞪着一双肉泡眼，一手叉着腰，冲着羊龙玺骂道："啥人叫侬到外面磨洋工？这是哪里来的小瘪三，伊跑到阿拉厂里来做啥？"

羊龙玺用乞求的眼光看着老板娘说道："这是我弟弟来了！家里遭灾了，想来这里当学徒，求老板娘赏口饭吃。"

老板娘眯起肉泡眼，用鄙夷的眼光看了羊庚玺一眼，刁横地说："学徒？这么小的人能派啥用场？快点滚！"

这时，正好林老板从外面回来，羊龙玺便上前恳求林老板收留弟弟。林老板是个笑面虎，他对羊龙玺说："好说，好说，但是你也知道，我们厂小利薄，养不起闲人啊！不过……"

羊龙玺知道林老板葫芦里卖的什么药，无非是以此要挟新来的童工延长学徒期限，让他多刮点油水。于是，只好点头说道："只要老板、老板娘肯留下我弟弟，就让他多学几年吧！"

老板将兄弟俩领到楼上，从书桌的抽屉里拿出一张"关书"，填上羊庚玺的名字。

"关书"上写着："羊庚玺……进厂学徒，五年学徒期，在此期间不得离厂，如遇疾病工伤死亡，命由天定，概与厂方无涉……"羊龙玺哆哆嗦嗦地抓着羊庚玺的手，用食指蘸了一点印色，在"关书"上按下了一个血红的指印。羊庚玺不明白当学徒为什么还要摁手印，他只知道乡下穷人卖田、借债的时候才兴这个，他绝未想到，这"关书"就是他自己的卖身契。

羊庚玺随着哥哥来到了车间，车间里高高的机架上吊着五颜六色的毛线球。羊龙玺指着各种工具和机器告诉弟弟："这个绞棒是织毯时用来推绞、拉绞的，这个铁把是用来砸平的，这个大剪刀是用来剪多余羊毛的，机架两旁的大木柱叫机立身，上下的圆木叫机梁，坐着织毯的长木板叫座板……"

羊龙玺知道弟弟的倔强脾气，生怕他受不了欺负，学不到手艺，于是劝慰他说："庚玺，干上两年杂活，老板就会让你上机，到时候学会一门手艺，就能混碗饭吃。"

羊庚玺默默地点了点头。从那以后，林记地毯厂所有的杂活：扫地、抹桌、倒尿盆、洗菜、淘米、劈柴、晒羊毛、绕毛线……全都落在了羊庚玺的身上。

林记地毯厂的童工们每天天不亮就被叫起来干活，直到晚上楼上的大挂钟敲过 12 下，二十几个童工才拖着困倦的身子从高高的座板上下来，蜷缩在机弄里潮湿的地上，垫着破草席，盖着烂麻袋片缝成的被子睡觉。

童工们每天早上只喝一碗散发着霉味的稀饭，就得爬上织毯机。谁的动作慢了一点，工头的藤条就会落到谁身上。

羊庚玺足足干了 3 年的杂工，老板才让他上机学习织毯。3 年间，羊庚玺恨透了林老板和老板娘的恶行。与羊庚玺要好的一个童工小毛头，生病了还被老板逼着干活，不让休息，最后累死在毛线堆里，林老板就叫人把他的尸体丢在了城南的臭河沟；染毛线的刘老五，被化学染料烧伤后，不但不给他医治，还授意工头将他活活闷死在被子里。

羊庚玺实在忍受不了这非人般的生活，他想法儿要逃出去。但要逃出这鬼门关可不那么容易。一日夜里，羊庚玺趁着工头睡觉，偷走了大铁门的钥匙，悄悄逃出了林记地毯厂。羊庚玺的心里仿佛搬走了一块大石头，感到从未有过的轻松。他茫然地、漫无目的地走了两天后，又困又饿的他在十六铺码头的一个角落里又被工头带人抓了回去。

回到厂里，老板娘挥起绞棒和藤条朝羊庚玺一顿毒打，绞棒打裂了，藤条打折了，老板娘还是不停地打。羊庚玺忍无可忍，埋在胸中的怒火顿时迸发出来，他猛一翻身站了起来，从老板娘手中夺过绞棒，狠狠向老板娘身上抽去。老板娘没想到羊庚玺竟敢反抗，气得两眼直冒金星，发疯似的大叫着："小猪猡，敢打老娘？这还了得！"随即操起一把七齿铁耙朝羊庚玺头上砸去。

羊庚玺顿时倒在血泊里，鲜血染红了地板，染红了羊毛线。

从此以后，老板娘更加记恨羊庚玺，处处刁难他。羊庚玺忍受了 5 年非人般的生活，他也渐渐长成了十七八岁的小伙子，性格越来越倔强。5年的学徒期刚满，他就决定卷起铺盖离厂。

林老板一改往日的笑脸，阴森地对他说道："翅膀硬了，想飞？没有那么便宜的事，要走可以，先把这5年的饭钱还回来！"

"什么？我替你做了5年工，没拿一个铜板，还跟我要饭钱！"羊庚玺额头上青筋暴突，气得直咬牙。

羊龙玺知道林老板手段毒辣，怕羊庚玺砸了饭碗，劝说羊庚玺不要走。羊庚玺看着眼珠发黄、皮包骨头的哥哥，又犹豫了，他不是怕老板，而是担心忠厚老实的哥哥遭欺负。

一次，哥哥羊龙玺生病，浑身没有力气，喘着粗气伏在座板上想歇一会儿，工头挥着黄藤条骂骂咧咧奔过来，举手就要打，羊庚玺上前一把抓住工头的手腕，用力一扭，疼得工头直叫唤。工人们平时对工头、资本家老板和老板娘的仇恨一下子迸发了出来，纷纷站在羊庚玺的周围给他助威。

自从这件事以后，林老板对羊庚玺格外反感，决定把他调出车间，派他去拉四五百斤重的羊毛车，以此惩罚他。

羊庚玺每天拉着羊毛车，从城南走到城北，看到许多像他一样干着苦活脏活累活，还吃不饱饭的人群。他对这座曾经给他带来谋生希望的城市，越来越失望。

1937年七七事变后，日军发动了全面侵华战争，在中国土地上大肆烧杀抢掠。8月13日，淞沪会战开始，11月12日，日本侵略军占领上海。羊庚玺在拉羊毛车的路上，从报童的叫卖声中了解到日军的罪恶行径，还听说新四军部队夜袭了上海虹桥机场，烧毁4架日军飞机的消息。羊庚玺真想知道，新四军是什么军队？敢打日本人？敢烧日军的飞机，真痛快！他开始对新四军充满了好奇，甚至崇拜和向往。

林记地毯厂在风雨飘摇中支撑到1939年。这一天，林老板和老板娘强迫工人日夜赶班，在织完了最后一批地毯后，林记地毯厂宣告关闭，几乎被榨干血汗的工人们被他们一脚踢出了厂门。

在战火中成长

参加新四军

羊庚玺兄弟俩在外漂泊流浪的日子越发艰难，哥哥落下了一身病更难找到活计。于是他俩商量决定还是回到家乡去。

一天，羊庚玺和哥哥羊龙玺搭乘一艘客轮踏上了返乡的旅途。夜色沉沉，江水波涛不停地拍打着船舷。羊庚玺双手紧攥栏杆向前方眺望，他回忆着凄凉冷落的羊货郎店，那缺梁少柱的破草棚屋现在是否还在？他想起被地主逼死的爹娘，想起背井离乡8年受过的苦难，心中感到一股悲凉。

8年前，他曾发誓再也不回羊货郎店了，可是生活逼迫着自己还是走上了回乡之路，今后的路该怎么走？一家的冤仇还未报。想到这些，羊庚玺的心上就像压着一块石头。

刚回到离别 8 年的家乡，童年的伙伴、乡农会主任兼基干队队长马海山就来看望他。

"庚玺，你回来得正好，我们这里自从来了新四军，羊货郎店就和以前不一样了，再也没有地主欺压穷人的事，咱们的日子过得可好啊。走，我带你到村里去看看。"

"咱们家乡也有新四军？"羊庚玺惊喜地问道。在他的记忆里，新四军是专打日本鬼子和伪军的队伍。

"新四军是共产党领导的抗日队伍，是咱们穷人的大救星啊！"

"天底下还真有一支为穷人的队伍！"羊庚玺眼睛里闪烁着兴奋的光芒。

羊庚玺跟着马海山四处看，感到一切是那么熟悉，又是那么新奇。8 年前的羊货郎店是一座苦难的冰窟，如今展现在眼前的却是一派热火朝天的景象：村前的白果树上有民兵的瞭望哨，村里的外墙上刷着醒目的抗日大标语，村儿童团唱着歌在训练，乡农会带领大伙搞减租减息忙个不停。

羊庚玺第一次感到心情这样舒畅，他站在家乡的土地上，顿时觉得天地开阔了，心更踏实了，一股炽热的情感涌上他的心头。他拉住马海山的手问："海山哥，我想参军，新四军收不收我？"

"收，当然收！不过现在还不行，等你哥哥病好了，就一定让你去。"

羊庚玺也盼着哥哥的病早点好起来，他在地毯厂几年高强度的劳动，已使他积劳成疾，年纪轻轻就落下一身的病。

这年入夏，南风吹熟了金黄的稻子，伪军带着日军不断来村抓丁抢粮，羊货郎店的群众三天两头躲日伪军。羊龙玺病重的身体经不住这样的折腾，连惊带吓，不久就含恨离开了人世。

祖父、父亲、母亲、兄长……亲人一个个相继含恨九泉。完整的一家人，现在只剩下自己与这空荡荡的茅屋形影相吊。

羊庚玺决定去找新四军，他收拾了一个小包裹，就去与马海山告别。马海山听说后，连忙劝说道："你的心情我能理解，可这时新四军部队到处转战，不知道在什么地方啊？你还是先参加乡里的基干队，等新四军来了再去也不迟。"羊庚玺只好同意了。

从此以后，羊庚玺身背大刀，跟着基干队一起参加抗日活动。他割电线、扒公路、锯电杆、送情报……瘦小的身影活跃在苏中抗日的战场上，他将全部身心都投入抗日斗争中。

1943 年秋天，为粉碎敌人新的"扫荡"计划，保卫秋收，区里干部在羊货郎店召开紧急会议。乡基干队安排羊庚玺站警戒哨。他蹲在高粱田里监视着通往泰兴城的大路，仔细地观察过往行人的一举一动。就在这时，一个异常的情况引起了他的注意：南面三三两两走来了二三十个挎篮背筐的"老百姓"，羊庚玺越看心里越起疑，这伙人鬼鬼祟祟，东张西望，不像是普通的老百姓。就在其中一个人撩起衣襟擦汗的一瞬间，羊庚玺看清了他腰里别着黑乎乎的手枪。

"是偷袭队！"羊庚玺脑中一个闪念，想起了近段时间以来，伪军的"清乡委员会"派人伪装成老百姓偷袭了好几个村。这时候通知区干部转移已经来不及了，羊庚玺浓眉一皱，抽出手榴弹勾上弦子，从高粱地里钻到这帮家伙的背后，"呼"的一声把手榴弹扔了出去。手榴弹冲散了偷袭队，正在开会的区干部听见手榴弹的爆炸声，及时进行了疏散。羊庚玺机智勇敢的快速反应，保证了区队会议的安全，受到了区干部的表扬。

1944 年新年的这天，羊货郎店基干队接到命令，要求他们趁夜去袭扰十几里外的伪军燕头据点，阻止他们向十里甸方向增援。羊庚玺背插大刀，怀里抱着几颗地雷和基干队员们一起披着夜色迅速向燕头进发，当离敌据点不远时，他和另一个基干队员闪进据点周围沟边的树丛中，任务是把地雷埋到据点大门外的地方。

羊庚玺用身体紧紧地护着地雷，悄悄地接近埋雷的地点。就在羊庚玺和那个基干队员蹲在地上忙着埋雷时，忽然从远方传来密集的枪声，据点里的伪军顿时骚动起来，紧接着响起尖锐的哨子声。

"怎么办？"那个基干队员紧张地问。羊庚玺沉着地说："不要怕，你抓紧埋雷。"于是，他拿出手榴弹冲向大门外，就在据点大门拉开的一瞬间，羊庚玺把手榴弹扔了过去。"轰隆"一声巨响,敌人被这突如其来的打击,吓得晕头转向。趁敌人慌乱之际,基干队员迅速埋好地雷。一队伪军壮着胆子走了出来,刚出据点不远便踩上了地雷,几个伪军被炸得血肉横飞,其余的吓得逃回据点再也不敢出来了。羊庚玺和基干队员们圆满地完成了牵制燕头据点伪军的任务。

1944 年 3 月,新四军一举攻克了联结苏中、苏北抗日根据地的车桥重镇。这一仗,共歼灭日军460 余人、伪军 480 余人,击毙了凶残暴戾的山泽大佐。

消息传来,羊庚玺心里像长了草,他日夜盼望的新四军终于就要来到身边了,他要去找新四军!

一天,马海山告诉他,县委发来通知,新四军要招兵了。羊庚玺急忙前去报名。报名时,负责登记的新四军战士问他:"你叫什么名字?"

"羊庚玺!"他用浓重的家乡话回答道。

"杨根思?"新四军战士边念边在登记簿上填下了"杨根思"3 个字。从此以后,"杨根思"就

成了他的新名字。

几天后，在欢天喜地的锣鼓声中，乡亲们把"光荣参军"的大红花挂在了杨根思的胸前，他盼望已久的愿望终于实现了。杨根思生平第一次感受到这样的场面、这样的热情，第一次受到这样的尊重，一股暖流流遍全身。

在乡亲们的一片告别声中，马海山和几个基干队员把杨根思送到了新兵的队伍里。临别时，杨根思紧紧握住马海山的手，激动地说道："不讲空话，多杀日伪军，不做孬种！"

长矛缴钢枪

杨根思被分配到了新四军第1师1团1营3连3排9班，这是个响当当的主力团。1938年夜袭浒墅关、1939年火烧虹桥机场的就是这支部队，之后转战苏北，先后参加了郭村保卫战、黄桥决战和在芦家滩痛歼日军的车桥战役……一个个传奇的战斗故事，一个个响当当的英雄就在身边，杨根思为自己能当上这个光荣部队的战士而深感自豪。

但遗憾的是，自己参军一个多月了还没有领到一支枪。杨根思日思夜想，盼望能领到一杆枪。他经常问班长："什么时候发枪啊？"

终于等到了新战士第一次发枪，杨根思满以为会发给自己一杆乌亮的钢枪，谁知道发给他的竟是一根5尺长的长矛。杨根思心里不是滋味，他打心眼儿里不喜欢这根"闩门杠"。他渴望参军，就是想拿起钢枪打大仗，多消灭敌人。哪知道，连一支枪也没有，领了一根"闩门杠"，他独自坐在小河边抱着长矛发愣。

孙排长正好路过这里，看出了杨根思的心思。他走过去问道："怎么啦杨根思？有情绪了？"

杨根思站起来，仍闷着头。

孙排长接过杨根思手中的长矛，端详了一会儿，意味深长地说："我刚参加红军的那会儿，也是扛的长矛，别小看这长矛啊，这里面还有一段生动的故事呢。"孙排长沉浸在往事的回忆中：

"那是1933年5月，时任共青团福州中心市委书记的叶飞，还有在宁德霍童镇负责农民运动的颜阿兰，他们经过周密布置，决定发起霍童暴动。当时，霍童镇的宏街宫聚集着多个民团，他们拥有许多枪支，是专门为地主豪绅收租逼债、欺压群众而效劳的。5月28日深夜，叶飞、颜阿兰率领游击队员50余人，就是拿着这样的长矛，还有砍柴刀和仅有的3支短枪，袭击了霍童镇民团驻地宏街宫，缴获了26支枪和一批弹药。随后，他们又乘胜出击，攻打了数个民团，又缴获了80余支枪。"

"靠着3支短枪和几十根长矛、几把砍柴刀起家的部队，就是闽东工农游击第3支队，它就是我们连队的前身。我们新四军、八路军就是靠这样在党和毛主席的领导下，从无到有，从小到大，在斗争中不断消灭敌人，武装自己的。"

孙排长最后说道："杨根思啊，枪有的是，敌人的兵工厂给咱们造得多多的，但要靠你自己想办法、动脑筋去'领'。这就叫'消灭敌人，武装自己'。你别小看了这根长矛，只要熟练掌握它，照样叫敌人穿心过。"

排长的一番话，让杨根思很受教育和启发，

他在心里默默发誓：一定苦练杀敌本领，早日用这根"闩门杠"缴获一支真正的钢枪。

杨根思将长矛当钢枪，跟着战友们一起刻苦训练，还请老兵教他练刺杀。班里的训练手榴弹，经常揣在他腰间，只要一有空，他就跑到训练场去练习。

在一次训练中，战士们根据班长指定的攻击目标匍匐前进，偏巧在杨根思前进的路上有一堆牛粪。他想，这是战斗，在战场上多赢得一秒钟就能多消灭一个敌人，不能因为怕脏怕臭而丢失战机。于是他毫不犹豫地从牛粪堆上爬了过去。训练结束后，有战士笑话他，他却严肃认真地说："这有什么好笑的，训练当战场嘛！"

在一次跑步训练中，细心的班长发现，杨根思训练中的动作不像以前那么协调。他叫住杨根思说道："你把鞋子脱了让我看看。"

杨根思为难地说："班长，我脚好好的，看什么？"

在班长的一再要求下，杨根思才脱下那双几乎磨穿了底的鞋。脚上的布袜子已经成了烂布片，沾满了血迹，脚后跟裂开了几道口子。

班长心疼地摇摇头说："真是个倔脾气，脚后跟张了嘴还一个劲儿地练。"他把老婆为自己做的一双新布鞋和袜子送给了杨根思。

曾经饱尝人世间辛酸的杨根思，捧着新鞋和干净的布袜，一股暖流涌上心头，他真正感受到了革命大家庭的温暖。杨根思以部队为家，把战友当亲人，训练更加刻苦了，常常在训练结束后，第一个抢来扁担和水桶给大家挑水、烧水、扫地、打扫卫生。

1945 年 2 月，杨根思迎来了入伍后的第一次战斗。上级命令杨根思所在的第 1 团攻打沙沟伪军的一个据点。

沙沟是淮安、宝应、盐城、兴化之间的一个重要市镇，位于方圆 110 余公里的沙沟湖中央，是一个湖心岛，地形十分险要。沙沟湖水清澈如镜，两岸芦苇丛生，是个藕壮菱香、鱼美蟹肥的好地方。自从被敌伪盘踞，沙沟镇四周筑起了一道环镇长堤，堤上碉堡林立，镇内地堡成群，凭借湖荡天堑和坚固的工事固守顽抗。他们不断向根据地进行骚扰，拦截渔船，劫掳客商，奸淫烧杀，无恶不作，弄得沿湖众乡的老百姓日夜不宁，成为插在苏北根据地里的一根"钉子"。

为了巩固苏北抗日根据地，苏中军区决定由第1团拔掉这颗"钉子"。

22日晚，攻打沙沟镇的命令传来，各营战士纷纷登船，按预定方案进发，杨根思所在的3排担任了这次战斗的"突击排"。

趁着夜色，部队悄然离开驻地，向东南方向疾速前进。杨根思扛着一根磨得特别锋利的长矛，迈着大步紧紧跟随部队向前行进，他暗下决心："向老战士学习，勇敢地打好第一仗，用手中的长矛缴敌人的枪。"

他紧握长矛趴在船头，屏住呼吸，紧盯前方的目标。当他们透过夜幕隐约看到沙沟镇时，左右两边几乎同时传来激烈的枪声。杨根思所在3排的船还未抵岸，战士们便一跃而起，猛扑了上去。这时，敌人的碉堡吐出一条条火舌，强大的火力封锁了前进的道路，战斗进行得非常激烈，守敌凭借精良的装备和地势，一直顽固地抵抗。战士们爬到了敌人的碉堡脚下，将手榴弹塞进碉堡射孔，消灭了敌人的几个火力点后，第1营战士蜂拥而上，把梯子架上了围墙。在强大的攻势面前，敌人纷纷逃窜。

杨根思盯上一个拿枪的伪军紧追不放。"缴枪不杀！缴枪不杀！"杨根思一边追一边喊。他只有一个念头：抓住敌人，把枪缴过来！

那个伪军回头一看，追他的竟是一个拿着长矛的战士，不由得壮了壮胆说："你就一根棍子，还要缴我的枪？老子要了你的命！"其实伪军的枪里早已没了子弹，只是虚张声势地威胁杨根思。

两人拼起了刺杀，矛头对着枪刺，杨根思的脚步随着对方的脚步移动，两人对峙着转着圈子。只见杨根思把矛头向左虚晃一下，大吼一声："杀！"却迅即向右刺去。"当"的一声，伪军两臂一拐，用枪托挡开了刺到肋骨边的长矛，惊出一身虚汗。

突然，杨根思大喊一声："班长，你从后面上！"伪军一听背后还有人，不由得心里一慌，刚要回头，杨根思锋利的矛头已经刺进了他的心窝。杨根思一把抓起地上的枪，拂去上面的灰尘，第一杆钢枪就这样到手了。

江南饥餐"革命草"

沙沟战斗结束后，杨根思所在部队为响应党中央和毛主席关于消灭日伪军，扩大解放区，缩小沦陷区的指示，奉命向江南开进。

部队要南下了，杨根思心里有些矛盾，想起驻在泰兴的日军和伪军还没消灭，家乡还没有完全解放，羊货郎店的老百姓依然生活在水深火热之中，羊家三代的冤仇还没报。但听排长说到江南去，是为了收复被日寇蹂躏的河山，拯救挣扎在水火倒悬中的骨肉同胞，迅速打败日本强盗，让全国人民早日解放，让老百姓早日过上幸福的生活，他的劲头就更足了。

第 1 团在南下时被改编为苏浙军区第 4 纵队第 10 支队。杨根思随部队一路不停地向浙西天目山地区行进。来到浙西山区，秀美的风光展现在眼前：重峦叠嶂，群峰巍峨，远山逶迤苍茫，近山峻峭碧翠，这样锦绣的山水与当地人民的苦难生活形成了强烈的反差。昔日富饶的鱼米之乡竟成了贫困饥饿的地方。曾驻在这一带的 10 多万国民党军，打着抗日旗号，大肆掳掠财物，抢光粮食，日军一来他们却望风而逃。

群众断炊，饿殍遍野。部队一到这里，首要任务是发动群众解决饥荒的问题。部队靠挖野菜、挖竹笋来补充粮食的严重不足。一天午饭后，杨根思独自走上山坡，想看看山上有没有他熟识的野菜，突然发现了几棵鲜嫩的马齿苋，对，这可是好东西，既能充饥又能治拉肚子。杨根思小心翼翼地把它拔起来，又继续寻找，他看到前面蹲着一个人也在挖什么，走上前一看原来是孙排长。

"排长！"

"杨根思，你看看我挑的这些'革命草'！"排长脚下堆了一小堆野菜。有马齿苋、乌饭草、青蒿、野芹菜、野蒜……

"革命草？"杨根思第一次听到这个新鲜的名字。

"对，是'革命草'！"孙排长意味深长地说，"这个名字是红军长征时起的。当年，毛主席、周副主席、朱总司令在长征路上都吃过这些野菜，红军长征断粮时，正是靠吃野菜来充饥，与敌开展斗争的，小小的野菜为革命立下了大功劳啊！所以，红军称它为'革命草'。"

是啊，没有比"革命草"这个名字更确切的了。杨根思捧起孙排长挖的"革命草"，想起了自己小时候挖野菜的情景，他激动地说："排长，我小的时候天天吃野菜，那是为了活命；现在吃野菜是为了革命，'革命草'这个名字太好了。"

晚上，山坡上燃起一堆篝火，9班战士围着一锅刚煮好的野菜汤吃晚饭。连队文书正好来到这里，他触景生情地诵起了陈毅代军长当年在赣南坚持3年游击战争时写的诗句：

天将晓，队员醒来早。露侵衣被夏犹寒，树间唧唧鸣知了。满身沾野草。

天将午，饥肠响如鼓。粮食封锁已三月，囊中存米清可数。野菜和水煮。

……

叹缺粮，三月肉不尝。夏吃杨梅冬剥笋，猎

取野猪遍山忙。捉蛇二更长。

满山抄，草木变枯焦。敌人屠杀空前古，人民反抗气更高。再请把兵交。

……

激昂铿锵的诗句，听起来是那么的亲切，因为这是革命情感的抒发，艰苦卓绝斗争的真实写照。杨根思听着，心里涌起了一股暖流。他想，我们不正是像当年的红军一样，在进行着艰苦的斗争吗？如今作为红军老部队的战士，更要继承红军传统，早日打败日寇，解放受苦受难的人民。他喝着又苦又涩的野菜汤，却觉得香喷喷、甜丝丝。

不久，当地革命群众翻山越岭为新四军送来了一批粮食。上级把宝贵的粮食分到了每一个战士手中，并要求大家把大米做成干粮。

连部分配给9班一口锅，几位战士不停地在忙碌着炒米。

"班长，这要等到什么时候才能炒完，我们去找另一家炒吧？"杨根思建议说。

"连部早已分配好了，哪里还有空锅？"

"我们想办法，保证按时完成任务。"

班长默许后，他和另一个战士拎着米袋沿着山沟往里走，穿过一片稀落的竹林，看到山坡上一间破旧的茅草屋前，一位白发苍苍的老妈妈坐在门口竹凳上，满面愁容地捧着一只空淘箩。

"老妈妈，借您的锅炒炒米，行吗？"一听新四军战士来借锅，老妈妈连忙起身走到灶边，揭开锅盖，把煮着的饭盛出来。杨根思一看，这是什么饭啊，煮的是南瓜秧子糊糊粥。

在与老妈妈的交谈中，杨根思得知老妈妈的儿子被国民党顽军杀害，儿媳被逼跳河自尽，乡保长三天两头又来派捐派税，家中值钱的东西全被抢光，已有多日无米下锅了。

老妈妈帮着炒米，一边问："同志，听说你们来了又要走了？"

杨根思问："谁说我们要走啊？"

"不是说'中央军'来了，你们又要回到江北去吗？同志，这可不行，你们能走，老百姓走不了啊！"

杨根思心头一阵难过，这些年，战争给老百

姓带来太多的苦难了。看到老妈妈的惨景，就想起自己家里曾经的悲惨遭遇。杨根思安慰着说："老妈妈，我们是专门来打日伪军，打国民党反动派的，我们不走！"

炒完米，杨根思只往自己的口袋装了一半，然后悄悄把另一半装进了灶台上的瓦钵内。临走时，他指着盛满米的瓦钵说："老妈妈，这点米你留着吃吧！"

老妈妈眼含热泪说什么也不肯收，嘴角抽搐着说道："不！孩子，你们流血流汗饿着肚子打日寇，够苦的了，看你们成天吃野菜，我老婆子心里不忍啊！"说着捧起瓦钵就往杨根思怀里送。杨根思眼角湿润了，他大步出门，很快消失在了竹林里。

战斗模范

1945年5月下旬，国民党第三战区司令长官顾祝同调集15个主力师向天目山地区大举进攻，新四军部队奋起还击。杨根思所在的第 10 支队在苏浙军区第 4 纵队编成内，与新登的国民党顽军第 79 师展开激战。

新登是个群山环抱的县城，四周的山头并不高，但每座山上的敌人都构筑了碉堡群。29 日傍晚时分，第 4 纵队向敌发起进攻，第 10 支队很快占领了新登城西外围的一座山头。1 营 2 连、机炮连扼守在山头阵地，杨根思所在的第 3 连坚守在山脚下一个小村子里。此时，第 3 营官兵正在距小村子四五百米远的一个小山包上与敌人展开殊死争夺。突然间，3 营阵地上枪声、爆炸声停了下来。3 营阵地告急，一场短兵相接的白刃战正在激烈进行。敌众我寡，情况危急。

"3 连出击，支援 3 营！" 1 营营长命令道。

担任前卫的 9 班战士飞奔跑向 3 营的阵地。杨根思冲在最前面，第一个冲上小山包，朝着一群刚要进入工事的敌人扔出两颗手榴弹。9 班的战士们随后端着明晃晃的刺刀冲了上来，与敌人展开肉搏。杨根思动作敏捷，连续刺倒几个敌人后，还帮忙救助了几名负伤的战友。在 3 连的有力支援下，不一会儿就将立足未稳的敌人杀退，巩固了阵地。

经过与敌3昼夜的残酷激战，国民党军第79师残部被赶到新登以西的山洼里，成为瓮中之鳖，全歼第79师的战斗正准备全面展开，突然接到上级撤退的命令。眼看着敌人将被全歼，却要撤出战斗，许多干部战士都很不理解。杨根思刚缴获了一挺轻机枪，正想发挥它的威力，现在却派不上用场了，他沮丧地一把抓下头上的帽子。

6月的浙西，连续下了好几天的雨，山岭笼罩在湿云雨雾之中。一支支队伍在连绵的阴雨中急速向北行进，战士们的心也像阴晦的天气，闷沉沉的。一路上，没有歌声，没有笑语。

杨根思实在忍不住地问："班长，为什么光撤不打，你说这枪是干什么用的？"

"枪是打敌人的，该撤的时候就得撤。"

"再撤我就不走了！"

"不走？"刚好走在队伍旁边的营长笑笑说，"你这个愣头儿青！撤退不是败退，撤是为了更好地打，这叫把拳头收回来，找准时机再狠狠地砸出去！"

杨根思一听，心里头好像一下子亮堂起来："营长，什么时候再'砸'？"

"等着吧！"营长说道。

第二天，部队行进到山下的一片开阔地里，纵队司令员廖政国、政委韦一平给部队作了一次形势分析和动员。

司令员讲道："为什么送到嘴边的肉不吃而要撤退呢？因为战场形势瞬变，敌我力量悬殊加大。当前，国民党调集了由英式装备起来的'国际突击纵队'前来增援国民党军第79师，其他各路顽军也蜂拥而至。日寇也在杭州、吴兴等地集结两个师的兵力，伺机袭击我军侧后。苏浙军区粟裕司令员要求我们避开敌人锋芒，诱敌深入，然后集中优势兵力，各个歼灭敌人。我们放着到手的敌人不打，而且不断后撤，就是为了制造假象迷惑敌人。让这伙利令智昏、傲气十足的顽军分兵冒进，为我军在运动中歼灭敌人创造战机。"

司令员接着说："运动战，运动战，就是要在运动中打仗。现在我们就在孝丰城布阵，准备杀他一个回马枪，给嚣张的敌人当头一棒。"

听了司令员的动员，战士们个个茅塞顿开，就像拨开了眼前云雾，愁眉不展的情绪一扫而光。

当晚，第4纵队顶着细雨向孝丰隐蔽开进，杨根思所在的第10支队和友邻第11支队守备孝丰城，其他部队集结于孝丰西北地区。敌军以为我军正在溃逃，迫不及待地兵分几路进行尾追。

6月18日，国民党第33旅为了抢头功，谎报已夺取孝丰城。国民党军第52师派谍报队长去孝丰城联系，被我守备部队抓获，弄清了敌人的意图和部署。

次日，在皖南事变中血债累累的第52师孤军突进，分左右两路向孝丰扑来，杨根思所在的第10支队奉命向南取道对左路之敌155团进行分割包围。

为保证分割围歼战斗的顺利进行，杨根思所在的3连，趁黑夜从敌人中间穿插10多公里，直插桃花山进行拦截。

时间就是胜利，部队急速行军。杨根思和全连官兵紧跟着向导奔跑，山路上的石子戳穿了草鞋底，划破了脚板，大家都全然不顾。

3连行进到桃花山脚下，这里有个小村庄，连长示意大家放慢脚步，注意观察敌情。忽然，发现前方不远处有一颗火星忽明忽暗，经观察，原来是敌人的哨兵熬不住在抽烟。

"9班长，带人把哨兵摸掉！"连长低声命令。"我去！"杨根思听到命令后，立即向班长请求道。班长带着杨根思迅速爬了过去。这时敌人似乎有所察觉，大声喊着："哪一个？"

不容分说，杨根思猛地起身干掉了哨兵，班长随后冲向岗哨后面的房子，朝着房里的敌人丢出一颗手榴弹，9班其他战士也跟着冲了上来。

"嗒嗒嗒……"一阵刺耳的枪声从侧翼传来，两条火舌封锁了穿插的道路，村子西南的一间大房子里，敌人两挺重机枪正拼命向3连方向扫射，全连战士被封堵在原地无法前行。

杨根思匍匐到班长身边说："班长，给我两颗手榴弹！"说完，从班长手中接过手榴弹就向那个大房子绕了过去。

连长赶来焦急地问："9班长，为什么不行动？"班长用手一指，连长顺着班长指的方向，看到一个黑影正向敌人火力点运动。

"那是谁?"连长问。

"杨根思!"班长的话音刚落,轰轰两声巨响后,敌人的重机枪"哑"了。

3连战士迅速跟进,占领了村庄后,接着抢占桃花山主峰。3连走的是桃花山北坡,当部队刚爬到主峰半山腰的一个山包时,发现西坡上有敌军在向山上蠕动,连长命令大家:"注意隐蔽,一定要抢在敌人前面占领山头!"

桃花山成了敌我必争之地,双方到山顶的距离大约相等。战士们的心就像绷紧的弦。大家心里明白,占领桃花山对整个战役至关重要。

加快!再加快!时间就是胜利!

杨根思冲在最前面,拼命地向上冲锋。

双方发起激烈的争夺,原先零星的枪声变得激烈起来。西坡上的敌人,一部分继续爬向主峰,一部分居高临下用火力阻滞我后续部队。

9班班长倚着一块大石头,同样以俯射火力阻拦着敌人,滞缓敌人的行动。杨根思在排长的掩护下,第一个登上山顶,他朝西坡一看,一拨距他只有 100 多米的敌人，正挣扎着向上爬来。杨根思取出手榴弹，迅速投向敌群。随后，其他战士冲了上来，一颗颗手榴弹，一排排子弹把企图抢占桃花山的敌人压了下去。

拂晓前，军号响起、喊杀声摇撼山岭，各支队发起了总攻。经过昼夜激战，国民党军第 52 师主力第 154 团、155 团大部及 33 旅 1 个营被全歼，敌 52 师副师长韩法致被击毙。

6 月 24 日，浙西第三次自卫反顽战役以歼敌近 7000 人的战果而结束。部队开展了评功评奖活动，杨根思英勇顽强的出色表现，被第 10 支队评为"战斗模范"。

屡建战功

一门心思跟党走

  1945 年 10 月 6 日，苏浙军区第 4 纵队奉命向杭嘉湖地区进击，任务是收缴该地区日伪军武装。行军途中，杨根思见到了他崇敬的战斗英雄——廖政国司令员。杨根思不止一次听班长说，当年廖司令员曾带兵夜袭浒墅关、火烧虹桥机场，使得日寇闻风丧胆。特别是他"独臂战将"美名的由来，令杨根思满怀敬佩。

  老班长讲，那是在廖政国当团长的时候，刚打完黄桥战役，新四军从顽军手中缴获了大批新式武器弹药，为了让部队及时了解和学会使用这些武器，廖团长把部队干部召集到团部里，一件一件地给他们讲解其构造、性能及使用方法。正当他拿起一种新型手榴弹，进行铁壳与木柄分解时，一不小心扯断了引线，霎时白烟直冒，眼看就要爆炸，在这千钧一发之际，只要他把手榴弹扔出去，自己便可安然无恙。但他看到屋外坐着许多官兵，毅然高高地举起手榴弹，迅速跨上桌子，大喊一声："卧倒！"话音刚落，只听"轰"的一声巨响，手榴弹在他手中爆炸了，右手被炸得血肉模糊。

后来有人问廖司令员："首长，当时你怎么想到让手榴弹在自己手里爆炸，多危险啊！"他笑了笑说："我是一名共产党员，当时情况非常紧急，不容得我思考。作为党员，我就应该这样做！"

杨根思经常在心里默默念叨廖司令员的话："作为共产党员，我就应该这样做！"

"原来共产党员，就是和别人不一样的人，竟可以为了他人的生命安全而牺牲自己。我也要成为一名共产党员，把自己的一生献给党！"一时间，成为一名共产党员，成了杨根思努力追求和奋斗的目标。

一天傍晚，杨根思和班长吴春林坐在山坡的

一块石头上交谈。他问班长："班长，共产党员是什么样的人？"

"共产党员是用特殊材料制成的人。"班长给杨根思解释道，"一个共产党员，心是红的，骨头是硬的，不为个人着想，专为他人着想，在一切困难和危险时刻，挺身而出，不怕流血牺牲，为党的事业奋斗终生！"

"班长！"杨根思说，"我心里早就想入党，就怕不合格。"

"杨根思同志，你积极要求入党的热情是好的，但还应该懂得为什么要入党。"班长亲切地说。

"为什么入党？为了更好地干革命！"

"对，是为了干革命，但是这样的认识还不具体。共产党是无产阶级先锋队，为工农闹翻身、求解放、谋利益。加入共产党，就是要为解放全中国，解放全人类，为实现共产主义的远大革命理想而奋斗。"

"班长，共产主义是个什么样子？"杨根思问。

"到那个时候，全世界的地主、资本家都消灭了，没有剥削，没有压迫，大家都过着幸福、美满的生活。"

"班长，我发誓：我一定一门心思跟着党，干革命干到底。"

"共产党员不光自己要做好，处处起模范带头作用，还要带领大家一起干革命。"

10月下旬，为适应新的斗争任务需要，根据上级指示，杨根思所在的苏浙军区第4纵队10支队奉命改编为新四军第1纵队1旅1团。改编后，部队在旅长廖政国的带领下离开江南继续北上。

一路上，细心的吴班长注意到了杨根思近来的变化，他各项工作积极主动，热情帮助别人。除了在行军中帮助病号扛枪、背米袋外，一到宿营地，他就忙个不停，为战友们铺草、烧洗脚水，还帮助做思想工作。

班里有个新分配来的解放战士（从国民党军队中被俘后参加解放军的战士），当初是被国民党军抓的壮丁，在国民党军队里挨打受骂，受尽了屈辱和折磨，身上还生了疥疮。他刚分到班里时，不爱说话，脾气很古怪，思想也比较消沉。杨根思见他总是愁眉不展的样子，就主动和他说话，找他拉家常，从生活上处处关心他。行军时帮他扛枪，休息时给他讲新四军的英雄故事，讲自己的经历，启发他吐苦水、挖苦根，给他讲为谁扛枪、为谁打仗的道理，还把自己一直舍不得穿的一双布鞋送给他。

一天，行军到宿营地，杨根思就把这位战士拉到一间空房子里，生起一堆火，又舀来一盆热水，要帮他擦洗疥疮。开始这个战士怎么也不肯，因为生疥疮曾在国民党军队里被人嫌弃过，看到杨根思这样真诚和热情，他又感动又有些局促不安，连忙推托。杨根思拉住他说："我从卫生员那里要了些药，洗一洗再给你敷上，很快就会好起来的。我们都是阶级兄弟，你的痛苦就是我的痛苦。"这个曾经不被人待见的解放战士，感动得泪流满面。

11月份，部队到达江苏涟水，此时的杨根思在党组织的教育和同志们的帮助下，变得更加成熟起来。经过组织的考察，连队党支部决定将杨根思作为党员发展对象。

一天，班长把一份入党志愿书拿来，郑重地

交给了杨根思，说道："根据你提出的申请和你这段时间的一贯表现，组织上研究决定吸收你加入中国共产党。"听到这话，杨根思的眼角湿润了，他不知道此刻该用什么样的言语来表达自己的感情。

党啊！是你把我这个受尽地主压迫的放牛娃、受尽资本家剥削的小童工从万丈深渊里救了出来，是你引导我走上革命的路，是你教我怎样做个真正的人。从今天起，您叫我怎么做，我就怎样做，您叫我向哪里冲！我就向哪里冲！

杨根思请班长帮他在"入党动机"栏里填写上："跟毛主席，跟共产党革命到底，上刀山，下火海，不变心，不怕苦，不怕死，解放全中国，解放全人类，为共产主义奋斗终生。"杨根思意难表，言难尽，他想了想，又激动地说："班长，再替我加上一句，我决心把这一生都奉献给党，奉献给革命事业。"

夜，静悄悄的。内心的无比激动使杨根思久久不能入眠，辛酸的往事，幸福的时刻，一幕幕地浮现在眼前。他暗下决心：一定要像最优秀的共产党员那样去战斗！做一个用特殊材料制成的人！

18 颗手榴弹显神威

1946 年 6 月，蒋介石在美帝国主义的支持和策划下，集中重兵大举进攻中原解放区，接着又将战火扩大到其他解放区，发动了大规模的全面内战。

为彻底粉碎蒋介石的全面进攻，新四军和山东军区首长决定立即肃清国民党军在济南外围的各据点，以利我军今后机动作战。杨根思所在的 1 旅 1 团奉命配属第 3 旅攻打泰安城。泰安守敌为伪警备旅宁春霖部，系日军投降后，周围 7 个县伪保安团纠集而成，有 3 个团的兵力。1 团的任务是：对泰安城共和街以东、伍家庙以西至西门外大街之敌进行攻击，得手后夺取基督教堂，切断敌人的退路，肃清该地域之敌。

6 月 7 日 23 时，攻打泰安的战斗打响，敌人凭借坚固工事和城墙组成的防御体系与我军负隅顽抗，我军各路突击部队采取以偷袭和强攻相结合的凌厉攻势，顺利突破前沿阵地，突进西关，占领了敌占的部分房屋，与退守在高大建筑物的敌人形成对峙状态。

第二天中午，第1团首先突入伍家庙，团长命令杨根思所在的3连攻占西关的制高点——天主教堂。

1营营长来到3连，指着前方一座尖塔似的高耸水泥建筑物，对担任突击班的9班说："那里就是天主教堂，白天一定要拿下来！占领了教堂，攻城的战斗就解决了一半。"

杨根思跟在班长吴春林的后面，仔细观察了一番，尖塔似的天主教堂钟楼，是全城的制高点，与城墙形成掎角之势，占领了天主教堂就能俯瞰全城。而天主教堂外面是一片开阔地，再外面是一排民房，民房的屋顶上都堆着厚厚的沙包，敌人在那里架设着轻机枪。

敌人设在民房上的火力与侧翼城墙上的火力构成一张火力网，封锁着民房前的开阔地。9班要攻占天主教堂，就必须先摧毁敌人设在民房上的火力点，然后冲过这片开阔地。

战斗打响后，杨根思穿着装有 18 颗手榴弹的特制"背弹衣"，趁敌人火力被我军压下去的短暂瞬间，跟着班长吴春林和其他战士冲到了民房的屋檐下。

敌人居高临下，从房顶上扔下来一排排手榴弹，不断在他们面前爆炸。杨根思和班长及其他战友紧贴在屋檐下的墙根无法突击，民房门紧闭又无法砸开。

"朝房上扔手榴弹！"班长急了。他指挥大家半蹲在屋檐下，把手榴弹从头顶朝后甩上屋顶，但屋顶的手榴弹大多数都滚了下来，不仅没有炸到敌人，反而伤到自己。

杨根思急得直冒汗，他向班长说："班长，这样打不行！叫大家靠墙，我一个人先冲过去牵制敌人的火力！"

话音刚落，他就纵身一跳，冲到离屋檐五六米远的地方，冒着敌人的火力迅速将一颗颗手榴弹投向房顶上的敌人。杨根思把房顶上敌人的火力一下子全吸引了过去，子弹呼啸着掠过他的头顶，弹片、泥花在他脚下飞溅。班长见状，带着另一个战士罗永年也跟着跑了过来，一左一右地掩护着杨根思。房顶上的敌人被杨根思的手榴弹炸得哀号直叫，机枪也被打哑了。这时，屋檐下的9班战士趁机也砸开了民房门冲了过去，冲向教堂前的那片开阔地。

不一会儿，房顶上哑了一阵的机枪又响了起来。杨根思一摸"背弹衣"，18颗手榴弹全打光了。

"班长，手榴弹没有了！"

班长听杨根思一说，立即把所有的手榴弹集中起来递给他，又命令旁边的罗永年去取手榴弹。罗永年灵巧地钻进硝烟，很快就拖来两箱手榴弹，在他们的相互配合下，房顶上的敌火力点被摧毁，残敌纷纷向天主教堂逃去。

杨根思把剩余的手榴弹塞进"背弹衣"，紧跟着班长冲进了民房。民房到教堂之间是一片大约100多米宽的开阔地，在离民房10多米处有一段砖砌的矮墙，教堂前还有一道堑壕横亘着。班长带领全班战士正要向天主教堂冲击时，敌人凭借堑壕疯狂抵抗，子弹、手榴弹像雨点般封堵在矮墙前。

杨根思跟随大家隐蔽在矮墙后面，他一条腿跪在地上，双手紧握手榴弹，两眼怒视着从堑壕里冲出的敌人。在班长指挥下，一排排手榴弹飞向敌群，连续打退了敌人的几次反攻。

就在杨根思跃起身投弹的一刹那，敌人一梭子弹打在了他跟前的矮墙上，溅起碎砖飞迸到他脸上，把鼻子和眼睛打得一片模糊，鲜血直流。班长见他负伤，一把将他按在矮墙下，掏出急救包替他包扎。由于杨根思伤势较重，班长用纱布把他的头部和眼睛全给包扎起来。

"班长，眼睛不能包，我还要打敌人呢！包住了什么都看不见了！"杨根思急得要扯掉纱布。

班长一把抓住杨根思挥动的手说："杨根思，你伤很重，赶快撤下去！"可杨根思说什么也不肯，连声喊道："班长，不行，我不下去，我还能扔手榴弹……"说着，他一把扯掉眼睛上的纱布，从地上抓起几颗手榴弹，跃过矮墙，旋风般地冲向天主教堂。

在他的带动下，9班战士个个像下山的猛虎，

冲向敌人，占领了教堂前堑壕，为部队打开了进攻通道。

战后，团机关签署嘉奖令：杨根思被评为"战斗模范"。团里的油印套色小报《泰安战斗特刊》上，一篇题为《战斗模范杨根思——十八颗手榴弹显神威》的报道，宣扬了杨根思在泰安战斗中不怕牺牲，冲锋在最前面，负伤不下火线的英勇事迹。

爆破大王

为了提升部队的战斗力，团里决定选派一批官兵去兄弟部队学习爆破技术。杨根思从连部通信员那里听到这一消息，立马跑到连部。此时，连长和指导员正在商量选派人选的事。

"报告！"

"杨根思，你有什么事？"连长问。

"报告连长、指导员，听说要去学爆破，我

想去，学会了这个，好为今后咱们连冲锋时扫清障碍……"

连长和指导员都笑了，因为他们俩想到的第一个人选就是杨根思。

指导员说："爆破可是十分危险的事，要胆大心细，还要能吃苦，你都想好了？"

"请连首长放心，我是党员，这些都是我应该做到的。"

连队决定派杨根思和另外两名战士同团里其他近200名官兵，一起到山东野战军第8师教导队去学习攻坚和爆破技术。

学习期间，杨根思非常用功，也特别肯动脑筋，每次听了教员的讲解后，他总要细心揣摩，反复练习。每天除了吃饭、睡觉外，他把全部精力都用在了学习和研究爆破技术上。

一天中午，战士们正在休息，教员林茂成到学员驻地巡查，隐约发现南面的空场上有个人在奔跑，他一会儿猫着腰向前，一会儿又伏在地上。林茂成走近一看，发现是学员杨根思。

杨根思并没有看见林教员，专心地把背包紧

贴着臀部，低姿、跃进，跑了一阵又趴下来匍匐向前。

林教员明白了，杨根思是在把背包当作炸药包，练习上午他刚讲过的内容。林教员没有惊动杨根思，饶有兴致地在一旁看着。当他看到杨根思匍匐前进时，背包擦在地上拖着走，于是急忙纠正道：

"你这样不对，这样会把炸药的外皮擦破的。"杨根思吃了一惊，惭愧地站起身来。林茂成打心眼儿里喜欢这个战士。他上前接过杨根思的背包，趴在地上，然后挟起背包给杨根思作示范、讲起要领来……

下午，林茂成把学员们带到一片空场地上，他准备让大家进行一次试爆，以消除一部分人的畏惧心理，同时检验一下前一阶段的学习效果。

林教员用试探的目光环视着学员们，他在物色第一个试爆的对象。

"报告教员，请让我来！"杨根思迫不及待地站了出来。

林茂成指着 50 米外的一堵土墙说："炸掉那

埃土墙，要胆大心细，眼明手快，第一次试爆更要沉着。"

"保证完成任务！"杨根思像在战场上接受任务一样，向教员敬了个军礼。

杨根思怀抱炸药包，一阵低姿跃进，然后往地上一趴，紧接着挟起炸药包向土墙迅速匍匐前进，动作如同穿过敌人的火力封锁线。杨根思顺利靠近了土墙，他将炸药包往土墙边一放，正准备拉导火索时，突然炸药包因没放稳滚了下来。他再一次把炸药包放好固牢，接着拉燃导火索，迅速就地一滚，只听得"轰"的一声，土墙炸塌了，溅起的尘土在空中飞扬。

杨根思虽然完成了这次试爆，也得到林教员的肯定和表扬，但他心里还是很自责。由于紧张，第一次炸药包没放稳，如果这是敌人的碉堡……不但会耽误时间，还会影响部队的前进。战场上的每一分钟，都会付出生命的代价，影响到战斗的胜负。杨根思从教训中总结经验，从此他更加刻苦地练习了。

集训结束时，杨根思以优异的成绩结业。回

到连队后，向全连汇报了学习成果，他用炸药、雷管和导火索，向战友们演示了炸药的威力。在杨根思的帮教下，爆破技术很快在连队得到推广和应用。

1946年10月7日，国民党集中整编第26师、第51师、第77师、第1快速纵队等部，在飞机、炮兵火力掩护下向我军发起进攻，企图抢占山东峄县、枣庄地区。10日，国民党攻占了枣庄以东的郭里集。第1旅奉命趁敌立足未稳之际，向郭里集之敌发起反击。杨根思所在的第1团担任主攻，1营3连9班和爆破组的任务是率先突破郭里集之敌的前沿阵地，为后续部队打通前进的道路。

黄昏前，连长把爆破组集合起来，说道："我们没有重火器，要攻城夺寨靠什么？靠爆破！爆破任务完成不好，我们就不能攻坚，就不能有效地歼灭敌人，你们刚学习回来，第一次执行爆破任务，就看你们的了。"连长把目光转向杨根思，又说道："杨根思，你担任第一爆破手，怎么样？"

"坚决完成任务！"杨根思回答道。

"光表决心不行，要机智加勇敢才行。要动脑子！在我们的主攻方向上，敌人设有三道鹿砦和铁丝网，铁丝网连着敌人的碉堡，你们首先要打开敌人的第一、二道鹿砦，尽量不能让敌人发现，然后……再实施爆破！"

晚饭前，杨根思从连部领回了几个新鲜玩意儿，头上圆滚滚、尾巴上插着木柄、重112公斤的铁家伙——大拉雷。这个像大手榴弹似的拉雷，杨根思也是第一次用。

入夜后，部队在霏霏的秋雨中踩着泥泞，向郭里集敌前沿阵地进发，杨根思扛着112公斤重的拉雷，带着爆破组走在队伍的前面。当涉过一道齐膝深的沙河后，就接近了郭里集敌人的前沿阵地。阵地前第一道障碍是由乱树枝堆积成的鹿砦，9班和爆破组的战士刚将鹿砦拖开一个缺口，一道雪亮的光柱从前方射来，呈扇形缓缓移动，这是碉堡里的敌人通过探照灯在观察外面的动静。杨根思和其他战士把身体紧贴着地面一动也不动。凭借敌人探照灯的亮光，杨根思看清了敌人碉堡的位置。

碉堡前面是一条浅干沟，敌人连续设有两道

鹿砦，尽头的土坡上是敌人的碉堡，碉堡的火力能控制干沟和开阔的田野。杨根思挟着拉雷带着爆破组紧跟在 9 班长的身后向第二道鹿砦匍匐过去。第二道鹿砦拖开后，杨根思正要向敌人碉堡接近时，一道雪亮的光柱落在了鹿砦的缺口上。敌人发现了异常，碉堡里立即喷射出一条条火舌。杨根思抱着拉雷迅速一滚，隐蔽在了暗处。心想："坏了！偷袭不行，只有强行爆破了！"

9 班班长也发现偷袭不可能了，于是命令杨根思："我掩护，你们快去爆破！"

在全班密集火力的掩护下，杨根思带着爆破组迅速蹿了上去，他把拉雷放在第三道鹿砦下，手指套上拉火环猛力一拉，随后一个侧翻，趴在地上期待着山崩地裂的巨响。

可几分钟过去了！拉雷仍旧没有爆炸。

深秋的夜雨淋得杨根思浑身湿透了，只听敌人在碉堡里嗷嗷地咋呼，他觉得浑身在冒火。"再给我拿一颗来！"杨根思向身边的战友喊道。杨根思从战友手中接过第二颗拉雷，顺着干沟又一次接近鹿砦……

时间在急速地流逝，战士们还是听不到爆炸声，这颗雷又没响，杨根思又气又急，扒住沟壁的手指深深抠在泥土里。

这时通信员过来传达连长的命令："迅速爆破！2营已攻到敌人前沿了，2团也进入庄子了……"

班长爬到杨根思身边说："拿来，把拉雷的线圈给我！"

杨根思一听急了："请相信我，我杨根思说到做到！我再去炸，再炸不开，你枪毙我！"

"胡说！"班长是知道他的脾气的。

倔强的杨根思又从后面的战士手中抱来第3颗拉雷。他趁着夜色在敌人阵地前摸索，他机智地把斗笠向远处一甩，转移了敌人的火力，然后快速接近鹿砦，将之前未响的拉雷和第3颗拉雷叠放在一起，摆成个倒"品"字形，用鹿砦上的树枝把上面的两个拉雷牢牢地支撑住，他猛地一拉弦线，迅速隐蔽，导火索发出"吱吱"的响声。

霎时间，一声巨响震撼大地，冲天的火光映红了夜空。鹿砦、铁丝网都被炸上了天，旁边的碉堡也被炸掉了一半。

杨根思第一个冲进浓烟、冲入敌阵。9班战士们像下山的猛虎，直扑敌人的碉堡。后面的部队借着爆炸声，迅速杀向郭里集的守敌。

这场战斗结束后，纵队政治部以《三送拉雷炸鹿砦，爆破大王留美名》为题，对杨根思的事迹进行了宣传报道。

这一段时间以来，9班变得非常热闹，兄弟单位每天都有人来找杨根思学习爆破经验。团报上也刊登了战士们写的向杨根思学习的信。有的人说，杨根思应该是我们团里的"爆破大王"。

杨根思紧绷着脸说："还爆破大王哩！我连个普通的爆破手也没当好，第3次才炸响……"

一级人民英雄

1946年12月中旬的宿北战役和1947年1月初的鲁南战役第一阶段相继告捷之后，山东野战军和华中野战军决心集中力量再歼峄县、枣庄之敌。1月12日，上级把攻歼枣庄以西齐村之敌的任务交给了杨根思所在的第1纵队，纵队命令第1旅担任主攻。

齐村是临（沂）枣（庄）线上的军事要地，离枣庄约3公里，由东西两个土围子组成。守敌一个旅刚改换装备不久，弹药充足，有守城的经验。他们以围子为依托，层层设防，构成以鹿砦、战壕、围墙、碉堡、暗堡以及坚固建筑物为主体的纵深防御阵地。

旅党委研究决定：第1团配属山炮3门，由东、南两面向齐村攻击，负责歼灭东围子之敌；第2团配属山炮2门，由西、北两面向齐村攻击，负责歼灭西围子之敌。各团务必于13日扫清外围，14日晚发起总攻。

第1团团长带着各营连指挥员来到前沿阵地观察地形，研究部署作战方案，决定由1营3连担任爆破任务，先是炸开围墙，撕开突破口，然后连续爆破敌人碉堡，为全团部队扫清障碍。

1营营长亲自向突击排的爆破手下达任务：

"第一爆破组！"

"到！"已升任9班副班长的杨根思向前跨了一大步回答。

"好啊，爆破大王首当其冲！"营长拍着杨根思的肩膀问，"有没有困难？"

"没有困难！我就不相信有完不成的任务！"杨根思铿锵有力地回答道。

营长说道："好！拿出你'三个不相信'的劲头来。我们就是要不相信有克服不了的困难，不相信有战胜不了的敌人。"

接受任务以后，杨根思随即和其他两名爆破手一起研究爆破方案。他拿起一根树枝在地上边比画边说："这是鹿砦，这是壕沟，壕沟那边是一片开阔地。我们要想办法以最快的速度通过开阔地，才能接近敌人的围墙。"

14日傍晚，总攻开始了，猛烈的炮火流星似的射向敌人，摧毁敌人部分工事，压制了敌前沿火力点，各突击队在猛烈炮火的掩护下向敌实施突击。

杨根思一个猛扑，用拉雷炸开了敌人的鹿砦。

架桥班不失时机，扛着梯桥，迅速在壕沟上架起木桥。杨根思带领爆破组，怀抱炸药包冒着浓烟正要穿越木桥时，突然遭敌猛烈火力的拦截。时间就是胜利，他们越过壕沟，避开敌人火力，然后快速通过开阔地，跑到敌人的围墙下面，放好炸药包，拉燃导火索。

"轰！轰！轰！"烟雾翻腾，土石乱飞，外围子被炸开了一个大缺口。

随着爆炸声，1营顺利突入外围子，占领了数间房屋，后续部队也迅速向前跟进。这时，东南角有两个高碉堡，与东门门楼之间形成掎角之势，敌人以炽烈的交叉火力封锁了部队前进的道路。杨根思在夜色的掩护下，迂回到一座碉堡前，身体刚要贴近碉堡壁，突然，一个尖利的东西向他顶了过来，他定睛一看：刺刀！原来碉堡里的敌人正要举枪准备向外射击，杨根思连忙将身体一侧转，一把拉开敌人的枪口，随即向碉堡里塞进一颗手榴弹，并迅速放好炸药包，拉燃导火索，一声巨响，碉堡被炸毁。

紧接着，第二个碉堡也被爆破组的战友炸毁。

后续部队顺利突破前沿向纵深发展，攻占了全部房屋。

残存的敌人向旅部核心据点仓皇奔逃，全部龟缩在核心工事里。敌旅长李玉堂狗急跳墙指挥突围，在我第 1 纵队各部的沉重打击下突围未遂，包围圈也越缩越小。

杨根思细心地观察了敌人的火力和地形，发现十字街口有一座大圆堡，旁边还有 3 个小暗堡，组织的交叉火力封锁住了这一片开阔地，大圆堡的东北面还有一座四方形的大碉堡。

杨根思请求去爆破大圆堡。得到批准后，他带着副手各抱一个炸药包，利用开阔地上的汽车、大炮作掩护，快速跑到一堵断墙下。当他们正要翻过断墙把炸药包送上去时，突然脚下的乱砖和瓦砾一滑动，发出了"哗啦啦"的响声，顿时四面火力集中过来，断墙上火星直冒，他们两个人蹲在断墙后的瓦砾堆上不能动弹。杨根思稍一抬头，一颗子弹擦破了他的耳郭，鲜血直流。他顾不得疼痛，向前冲了几步，敌人的火力一齐向他转移过来，浓厚的火药味和烟尘呛得他喘不过气来。

这时，副连长跑了上来，焦急地问杨根思：

"怎么回事？还不爆破？"

"报告副连长，敌人的三面火力太猛，没有死角。"说完，杨根思正要往前冲，副连长连忙制止道："不行！不要盲目冒死，可以考虑另一种打法。"

副连长指着大圆堡东北面的四方碉堡对杨根思说，"你先去把那座四方碉堡炸掉！"

"是！"

四方碉堡里的机枪断断续续地扫射着。杨根思随着敌人枪声的起落，灵活地变换战术动作，他一会儿低姿跃进，一会儿匍匐前进。当他抱着炸药包一口气冲到四方碉堡前时，敌人的枪声突然中断了。

杨根思支好炸药包，正要拉导火索，猛然听到碉堡里传出声音：

"我们还是投降吧，投降还有条活路。"

"人家解放军优待俘虏。"

"早投降早活命，等死不如投降。"

"他妈的，谁再提投降我就毙了谁！"一个军官大声斥骂。

杨根思听到这里，立马停住了拉弦的手。他抱起炸药包，纵身一跃，跳入了交通壕，然后飞起一脚踢开碉堡门，威风凛凛地出现在敌人面前。他大喝一声："缴枪不杀！"说着，将炸药包往左腋下一夹，右手抓住弦线，做出了要拉的姿势。

敌人见势，一个个吓蒙了。有人连忙喊道："长官，我们投降，我们投降。"

杨根思倒退一步，守在碉堡门口，厉声说道："都给我出来，把枪放在碉堡门前！"

只见碉堡里的敌人一个个耷拉着脑袋，有气无力地爬了出来，把枪丢在了碉堡的一边。谁知出来的竟然是一大批，后面还源源不断地往外爬。原来，四方碉堡直通后面几间房子，房子里的敌人也跟着爬了出来。

杨根思心里正纳闷，就我一个人，这么多俘虏乱糟糟的，怎么治呢？忽然发现一个当官模样的人，脖子上挂着一只哨子，杨根思命令他把哨子交过来。

"嘟嘟嘟……"杨根思吹着哨子喊道："都过

来集合！排好队！"

就这样，杨根思一人俘虏了100多个敌人！

正在这时，突击排的战士们也上来了，他们一起把俘虏押了下去。部队以排山倒海之势迅速攻入齐村。激烈的枪声、爆炸声震荡夜空，喊杀声从四面八方响起。天亮前，齐村守敌被全歼！

战后，杨根思荣立大功1次，被华东野战军政治部授予"华东一级人民英雄"荣誉称号。

名扬华东

到战斗一线去

鲁南战役胜利后，为适应战争的需要，山东野战军和华中野战军合编为华东野战军。杨根思所在的部队被改编为华东野战军第1纵队第1师1团。此后，杨根思随着部队转战南北，先后参加战役战斗数十次。由于作战勇敢，他被提升为1营3连3排副排长。

1948年3月，杨根思所在部队到达黄河以北濮阳地区开展为期两个月的新式整军运动。

这次北渡黄河之前，杨根思听了师首长关于全国解放战争形势的报告，他浑身憋足了劲，盼着早一天飞过黄河，为革命再立新功。但是就在部队出发之前，他却接到了去纵队教导团学习的通知。

杨根思听说要到后方去学习，心里很不是滋味。

营长看出他的心思，对他说："杨根思，你现在不是爆破手，而是一名指挥员了，不能只想着拼刺刀、送炸药，要考虑怎样去指挥全排几十名战士参加战斗，党把这些战士交给你，你要爱护他们、教育他们，带领他们英勇作战，以最小的代价换取最大的胜利，光凭炸碉堡的那股劲是远远不够的，做一名出色的指挥员不是简单容易的事，需要学习，学习，再学习！"

营长的话一下又一下地敲击在杨根思的心坎上，他心里不由暗暗责备自己目光太短浅。他决心让自己这个"大老粗"转变成为一名合格的指挥员。

为期 4 个月的学习结束了，杨根思以优异的成绩从纵队教导团结业，被团首长留在了团司令部参谋处工作。

杨根思人虽在团司令部参谋处，心却被前方

激烈的枪炮声紧紧地牵住，一个强烈的信念鼓动着他：到战斗一线去！他多次向团长请示，要求到战斗部队去。经团首长批准，杨根思终于回到了曾经战斗过的3连担任3排排长。

12月15日黄昏，杨根思所在的1团奉命攻击夏砦之敌。夏砦是个只有二三十户人家的小村庄，坐落在比平原高出二三米的小高地上。国民党军一部退缩到这里以后，拆毁民房筑起了坚固的工事，妄图负隅顽抗。村子四周布满了子母堡群，到处都是纵横交错的壕堑和鹿砦。

杨根思带着3排正在河边待命，突然，激烈的枪声在村子四周响起。

连长命令："3排攻击子母堡群，控制全村的制高点！"

杨根思命令8班班长带领全班迂回到一座小土地庙后面隐蔽，然后实施爆破。

他全神贯注地盯着8班前进的方向，第一个爆破组扑上去以后，七八分钟了仍不见动静，接着第二个爆破组上去也没完成爆破。此时敌我双方的机枪互射，六〇炮弹的爆炸声与手榴弹的爆炸声此起彼伏。

为了弄清情况，杨根思迅速冲到了小土地庙，仔细观察这组子母堡群的火力分布，他从喷射的火光中发现敌人的暗堡死角无法利用，正面爆破很难接近。于是决定采取"声东击西，出其不意"的办法。

杨根思留下4个战斗小组，虚张声势作正面佯攻，把敌人的火力全部吸引过来，他则带着其余战士出其不意地冲到敌人左侧翼，猛扑向暗堡群，战士们几乎同时把手榴弹塞进暗堡，接着端起步枪对准暗堡射击孔向里猛射，一时打得敌人措手不及，爆炸声和叫喊声响成一片。不一会儿，敌人用7个暗堡组成的支撑点被全部摧毁，3排战士们还没来得及喘息，敌人的火炮就雨点般地落在了3排刚占领的阵地上。这时，连部通信员赶来传达命令："巩固阵地，防止敌人反扑；并告诉杨根思，2排排长负了伤，现在2排也交由杨根思统一指挥。"

"请告诉连长，我们坚决完成任务！"杨根思说完，顺手捡起地上一顶钢盔扣在了头上。

杨根思把阵地上的战士进行了临时编组，布置好轻重机枪火力，他自己也端起一挺缴获来的轻机枪准备战斗。

炮声刚一停止，第一批敌人就冲了上来。

杨根思大吼一声："打！"阵地上密集的子弹一齐射向敌群。

在杨根思的指挥下，2排和3排的战士们越打越勇，坚守阵地达6个小时之久。

由于驻守夏砦的敌人得到了增援，兵力猛增，上级命令我部撤出战斗。

杨根思一边安排转移伤员，并将缴获的武器、装具、弹药依次运下去，一面指挥部分人员阻击敌人，掩护其他人员撤退。

当2排、3排的同志全部撤到安全地带后，杨根思发现1排还被敌人封锁在阵地上没有撤退下来。

"掩护1排撤退！"杨根思果断命令道。

两名机枪手朝着向1排反扑的敌人猛烈扫射，敌人的疯狂追击被3排强大的火力压了下去，1排的同志也趁机安全撤了下来。1排排长握着杨根思的手说:"老杨啊,多亏了你们的机枪掩护,否则我们的撤退就要付出惨重代价啦!"杨根思没有讲什么,被炮火熏黑的脸上只是露出了一丝腼腆的微笑。战役结束后,根据杨根思的出色表现,华东野战军第1纵队授予他"华东三级人民英雄"荣誉称号。

再进大上海

1949年2月,根据中央军委关于全军实行统一整编的决定,杨根思所在的1团整编为中国人民解放军第3野战军第9兵团第20军58师172团。

1949年3月,强大的人民解放军以排山倒海之势开始向长江沿岸胜利进军。江北的条条道路上,滚动着川流不息的炮车、辎重车。战马嘶鸣、人声鼎沸,成千上万的支前民工们推着独轮小车,抬着担架,赶着牛车,随军南下。战士们排列成十几路纵队，掮着枪、扛着炮，迈开矫健的步伐，唱起雄壮的战歌：

血战两年半，

胜利在眼前，

长江南的父老姊妹们，

你们解放的日子已不远……

杨根思腰间插着崭新的驳壳枪，大步走在浩浩荡荡的大军中，显得格外英俊威武。

队伍沿着运河的岸边向南！一路上柳丝青青，桃花含苞，越向南走，杨根思的心跳动得越剧烈，因为家乡越来越近了。离开家乡整整5年了，家乡又发生了怎样翻天覆地的变化？

杨根思真想回到家乡去看一眼，和乡亲们见见面，说说话。但他又在心里默默对自己说："全国不解放，杨根思决不回家乡，等彻底打垮了国民党反动派再去看望乡亲们。"

3月中旬，杨根思所在的部队一路向南挺进，到达了江苏扬州东南的沿江一带。

长江天堑横亘在部队的面前，浩淼无际，白浪滔滔，不少战士都对长江产生了畏惧心理。杨根思把3排战士们召集起来，请船工、渔民介绍长江的水情和行船的经验，他也谈了自己北撤时过江的体会，为战士们消除顾虑，坚定信心。

　　渡江作战的准备在紧张地进行着，通江的内河里，桅杆林立，船只成行，一派火热的练兵景象。

　　天气乍暖还寒，阵阵江风吹来，杨根思每天都要在冰凉的水里泡3个多小时，他要把自己这个排中的"旱鸭子"都变成"水鸭子"。在杨根思的帮助和带动下，3排的战士在很短的时间里，人人学会了泅水，还涌现出许多能够驾驶船只的能手。

　　1949年4月20日，根据毛泽东和朱德的命令，人民解放军在长达数百里的战线上，拉开了百万雄师过大江的序幕！一时间万船齐发，炮声雷霆万钧，直奔江南。杨根思所在部队于21日渡过长江，先抵达扬中、镇江、丹阳地区，紧接着势如破竹地向南勇猛追击。

在向上海进军期间，杨根思被提升为 3 连副连长。炮声隆隆，枪声密集，淞沪围歼激战以摧枯拉朽之势向着上海市区推进。杨根思所在部队夺下了一座座钢骨水泥地堡阵地，歼灭浦东之敌后，进入了繁华的市区，解放了大上海。

红旗插上了摩天大厦，欢呼胜利的巨幅标语从高楼顶端悬挂下来。上海沸腾了！数百万人民群众沉浸在欢庆解放的激情之中。一队队威武雄壮的解放军战士迈着整齐的步伐行进在宽阔的马路上。

上海这个曾让杨根思经受过苦难的城市。现在，他再次回来了！杨根思全身激情奔涌，有满肚子的话要说，他从一个童工到这个城市的解放者，从失业流浪街头青年到战斗英雄和革命干部，自己的成长和脱胎换骨的变化全是党给予的，是党指引自己走上了一条革命的道路。如今上海解放了，全国解放了，但这只是万里长征第一步，今后的道路还很长，杨根思决心要继续跟着党走下去，永远走下去！

攻克文化关

1950 年的春天，杨根思所在部队接受了一项新的战备任务，为解放台湾开展大练兵，部队立即在东海之滨掀起渡海登陆作战训练的热潮。浅滩上战士们在冰凉的海水里演练滩头攻击；波涛汹涌的海面上，一只只训练的木船在浪峰波谷间颠簸。杨根思率领爆破队不畏严寒，在海上进行水上障碍物爆破训练。

一天训练结束后，战士们一路高歌返回营地，杨根思却心情沉闷。好几天来，他都在为一个问题苦恼，因为每次训练结束后，连队都要向营部写训练报告。每到这个时候杨根思心里就犯难，不得不把文书找来。在旧社会，杨根思放牛、做工，没读过一天书。入伍以来，在行军打仗间隙只零零星星学会几个常用的字，要写一份简单的训练报告对他来说比攻打一个碉堡还难。

训练海上爆破，上级专门印发了材料，他根本不认识，只好叫文书读，自己做示范动作，心里很是别扭。

没有文化就学不好革命理论，学不会新的军事知识。新中国已经建立了，革命的路程更长，任务更艰巨，没有文化就不能更好地建设新中国。

杨根思暗下决心："非学好文化不可！"

就在杨根思渴望学好文化的时候，上级发出了"学习文化，扫除文盲"的号召。一个群众性学文化的热潮在全军掀起。

7月的一天，团部召开连以上干部会议，会后，团政委张雍耿把杨根思留了下来。

"杨根思，又要'打仗'了，你这个战斗英雄打算怎么办？"张雍耿政委亲切地问道。

"打仗？"

"是，'打仗'，这是一场新的战斗。我们全团大多数官兵都是文盲，毛主席说过，'没有文化的军队是愚蠢的军队，而愚蠢的军队是不能战胜敌人的'。'文化'就像一座新的碉堡横在我们前进的道路上，要我们去攻克它。"

"首长放心，我坚决炸掉这个新的'碉堡'。"

张政委高兴地点了点头："你要用你战斗的那股'三个不相信'精神去学习，战斗中你是英雄，在学习文化上也不能落后啊！"

杨根思从团部回到连里，一进门就兴冲冲地拉着文书帮他写学文化的计划，还要文书做他的学习监督人，并写进了计划书里。

第二天，连里的墙报上贴出了杨根思的学习计划，吸引了很多战士观看。计划上写道：

一、上文化课，没有特殊情况决不缺课。

二、不懂就问，多学多问。

三、每天至少要学 5 个生字。

四、生字不但要认得，还要会解释、会用。

预定要求：短时间内会看党报和通知，能写信和写报告。

墙报边，有人大声朗读着杨根思的计划，有人悄悄议论着：

"你看副连长的决心多大。"

"摘掉文盲帽，好比钝斧子剁肉，不下点狠劲不行啊！"

"咱们要向副连长学习。"

为了攻克文化关，杨根思铆足了劲。他白天带领战士训练，晚上坚持学习两个小时的文化。杨根思的学习计划，逐渐由原来的每天学会5个字增加到10个字、15个字。用他的话来说，"每天要消灭15个敌人"。才一个多月的时间，杨根思就能够看懂团报上的短文章了。

一天晚上，在一盏小油灯下，杨根思与文书头靠着头，一个教一个学，十分专心。不知不觉桌上小闹钟的指针已指向11点。文书建议道："副连长！赶快睡觉吧！明天还要参加训练呢。"

"你先睡！我再写几遍。"

文书连连打着哈欠却不肯先睡，他知道副连长不完成今天的学习任务是决不肯上床休息的。他扭头对杨根思说道："我在床上靠一靠，你有不认识的字就叫我一声。"

文书没脱衣服，躺在床上想稍微歇一歇，不一会儿工夫就睡着了。杨根思帮他脱掉鞋子，盖好被子，又坐在油灯下专心地学了起来。15个生字全都会读会写了，他又接着组词、组句，不厌其烦地读着、想着，最后摊开习字本，打算工工整整地再抄写几遍。

油灯不时爆裂出小小的火花，闹钟的时针已指到了 12 点。杨根思写着写着，眼皮不由自主地往下坠，脑袋不断地点着头……

躺在床上睡得迷迷糊糊的文书，翻了个身，隐约闻到一股焦煳味。他睁开惺忪的眼睛一看，副连长伏在桌子上睡着了，帽檐碰到灯焰正在燃烧。"副连长！副连长！"文书大叫着，他把被子一掀，跳了起来。

"什么情况！"杨根思从梦中惊醒，习惯性地往腰间摸枪。

"帽子！帽子……"文书赤脚奔过去，一把将他头上烧着了的帽子揪下来，连拍带打。

帽檐已被烧掉一大半，还在冒着青烟。杨根思伸手一摸，头发也烤焦了一撮。他看看文书，文书看看他，两个人禁不住笑了起来。

八一建军节这一天，全师总结前一阶段学文化的情况，杨根思被表彰为全师学习标兵，他的学习本也在学习成果会上被展出。

全国英模会

　　1950 年 9 月 25 日，第一次全国战斗英雄代表会议在北京召开，杨根思作为华东军区战斗英雄代表光荣地出席了这次会议。

　　9 月 21 日，杨根思带着战友和首长们的嘱托，乘上了开往北京的列车。他眺望着窗外熟悉的土地，追忆着这些曾经战斗过的地方，心中不禁感慨道：变了！一切都变了！灾难深重的旧中国已经一去不复返了。祖国大地，到处是一派生气勃勃的景象，杨根思不由得想起了那些在战场上英勇牺牲的战友们，他觉得，真正的荣誉应该属于那些为中国革命献出宝贵生命的同志，今天虽然有幸作为代表参加会议，但这是党给我的荣誉，今后自己肩上责任更大，任务更重了，必须更加努力地去工作，去战斗！

　　第二天，来自全国各地的战斗英雄、劳动模

范代表们会聚在丰台，随后登上由"毛泽东号"机车牵引的专列驶向北京。下午5时30分，专车到达前门车站，5000多名首都人民群众挥动着花束，呼喊着口号，热烈欢迎英模们的到来。中央人民政府政务院副总理董必武同志和其他中央首长也来到车站隆重欢迎全体代表。

9月的北京城，红旗招展，到处是欢迎英雄、模范的标语，到处是笑意盎然的人群，杨根思沉浸在无比的幸福和激动之中。

9月25日，传来最激动人心的消息：伟大领袖毛主席要代表中共中央致贺词并接见全体代表！杨根思与同房间的代表换上了最新的衣服，佩戴上各种奖章、纪念章，衣角扯了又扯，军帽整了又整，他们要以最严整的军容接受伟大领袖毛主席的检阅。

下午4时，800多名战斗英雄和劳动模范齐聚中南海怀仁堂。在掌声和欢呼声中，毛主席、周总理、朱总司令和其他中央首长健步登上了主席台。杨根思的眼睛顿时模糊了……敬爱的毛主席向着代表们时而鼓掌致意，时而挥动着手臂频频招手。此时此刻，杨根思全身热血沸腾，激动得心都快要跳出来了，他踮起脚、屏住气，一个劲儿地鼓着掌，聚精会神地仰望着毛主席，他感觉自己是世界上最幸福的人！

伴着庄严的乐曲，各兵种的战斗英雄代表和各行各业的劳动模范代表纷纷走上台去，向伟大领袖毛主席献旗、敬礼！毛主席和朱总司令与代表们一一亲切握手，全场再一次爆发出雷鸣般的掌声。

毛主席站在主席台中央，向大会致贺词："……你们是全中华民族的模范人物，是推动各方面人民事业胜利前进的骨干，是人民政府的可靠支柱和人民政府联系广大群众的桥梁。中国共产党中央委员会号召全党党员和全国人民向你们学习，同时号召你们，亲爱的全体代表同志和全国所有的战斗英雄、劳动模范同志们，继续在战斗中学习，向广大人民群众学习。只有决不骄傲自满并且继续不疲倦地学习，才能够对于伟大的中华人民共和国继续作出优异的贡献，并从而继续保持你们的光荣称号……"

伟大领袖毛主席的亲切关怀和谆谆教诲，给

予了全体与会代表巨大的鼓舞和鞭策。杨根思感到浑身充满了无穷的力量，这种力量能够战胜一切艰难困苦，能够战胜一切凶狠顽强的敌人。

全军各类战斗英雄代表的发言，更是让杨根思的心久久不能平静：拼刺英雄刘四虎在战友相继伤亡，子弹、手榴弹打光的情况下，端起刺刀只身冲进敌群，连刺 7 个敌人，负伤 11 处仍顽强与敌人搏斗；爆破大王马立训，连续 12 次对敌实施成功爆破；神枪手魏来国，用 120 颗子弹消灭 110 个敌人……最让他感动的是听了董存瑞舍身炸碉堡的英雄事迹后，仿佛看到导火索吱吱地冒着白烟，急速地燃烧着。杨根思的心在紧缩，因为他知道导火索燃烧的时间只有短短的 7 秒钟，就是这短短的 7 秒钟铸就了董存瑞生命光辉的顶点！杨根思心里默默地想着：只有像董存瑞这样全身心投入共产主义的伟大事业中，为实现人类最美好的理想不惜粉身碎骨，才是最伟大、最光荣的人，这样的生命才是最有价值、最光辉的生命。

10 月 1 日，盛大的国庆庆典活动在天安门广场举行。杨根思和全体英模代表登上了天安门前的

观礼台。军容整齐的步兵、炮兵、骑兵方队、摩托车队，接受着祖国和人民的检阅。身着节日盛装的群众游行队伍——从天安门前走过，人们欢天喜地地欢呼着、跳跃着……

中国人民经过14年的抗战和4年的解放战争，刚刚迎来了全国的解放，人民刚过上了和平的日子。然而，美帝国主义却又在中国的邻国朝鲜挑起战争，不顾中国政府的一再警告，悍然越过"三八线"，占领平壤，随即大举北犯，把战火燃烧到中国的鸭绿江和图们江边，严重地威胁着朝鲜民主主义人民共和国的生死存亡和我国的国家安全。

"中国人民决不能容忍外国的侵略，也不能听任帝国主义者对自己的邻人肆行侵略而置之不理！"周总理洪亮的声音，久久回响在杨根思的耳边。怒火在杨根思的心中燃烧，他暗暗发誓：只要帝国主义存在一天，我们就要战斗一天；不消灭帝国主义，决不放下手中枪！坚决要求到打击美国侵略者的最前线去！

10月2—6日，组织全体战斗英雄参观各机关并作演讲，7日后分别离京。英雄们把保卫祖国、消灭美国侵略者的决心写进了致毛主席的信中，写进了告全国人民书里，同时也深深刻在自己的心头。杨根思带着钢铁的意志和无穷的力量离开了北京。

就在杨根思离开北京返回部队时，他所在的部队已经从江苏昆山火车站登车北上，到达了山东兖州地区的姚村一带集结待命。

杨根思从北京返回一路南下，在途中转车，赶上了正准备出国参加抗美援朝的部队。

"副连长回来了！"

"副连长从北京回来了！"

杨根思归队的消息像长了翅膀，飞快地传遍了兖州以北的小村庄。部队的战士们从四面八方赶到村口的空场上集合好队伍，师团各级首长和战友们热情地迎上去，亲切地握手，热烈地拥抱，七嘴八舌地询问杨根思参加全国战斗英雄代表会议的情况，大家特别关心的是杨根思有没有见到伟大领袖毛主席！杨根思深深理解同志们的心情，为了让大家早点分享幸福，他一面和同志们握手，一面无比兴奋地告诉大家：

"我见到毛主席了！我见到了毛主席了！毛主席身体非常健康！"

杨根思兴奋地把在北京的见闻向首长和战友汇报，并把会议精神进行了认真传达。

同志们兴奋地围坐在一起，杨根思滔滔不绝地向大家讲述在毛主席身边的幸福心情，一点一滴地分享自己的感受和体会。参加大会的情景，就像电影不断地在他眼前闪现……

一天晚上，他热情地邀请连队干部及班长骨干到一间空房子，说是开个碰头会。营长和教导员本来是来3连传达上级的一项决定的，也被请了过来。

一进门大家不由得都怔住了，司务长把一盆盆菜端上桌子，原来杨根思用自己的津贴费请大家吃饭，就在这次小小的"宴会"上，杨根思饱含深情地对大家说：

"今天请大家来，就是想汇报汇报我的思想，我这个战斗英雄不是石头缝里蹦出来的，这次去北京出席全国战斗英雄和劳动模范代表大会，幸福地见到了毛主席、周总理和朱总司令，这是党的培养、首长的教育和同志们帮助的结果，荣誉应该归功于大家。过去我有些自满，参加这次大会才发现我算什么英雄？跟其他英雄相比，我还差很大一截。"

"我们 3 连是一支战功卓著、英雄辈出的红军连队，我决心和同志们一道，在今后的战斗中，不怕牺牲，继续战斗！"

杨根思越讲越激动，一种巨大的无形力量鼓舞着他，也鼓舞着在座的每一个人。

同志们都感觉到，杨根思给大家上了一堂生动的教育课。他们坚信杨根思一定能像一粒火种点燃战士们的心，一定能带出一个人民信得过、党放心的英雄连队。

大家围绕杨根思的发言，纷纷表决心，小"宴会"成了动员会、决心会、誓师会。就在这时，营长和教导员宣布了师党委的任命决定：任命杨根思为第 20 军 58 师 172 团 1 营 3 连连长。

血洒长津湖

紧急入朝

1950年6月25日，朝鲜内战爆发，美国悍然出兵进行武装干涉，他们打着"联合国军"的旗号，操纵16个国家的军队发动对朝鲜的侵略战争。

9月15日，以美国为首的"联合国军"从仁川港登陆，随后越过"三八线"，继续疯狂北犯。10月19日，"联合国军"占领平壤。

与此同时，从8月27日开始，侵略朝鲜的美军飞机不断侵入中国东北边境领空。对中国边境的城乡进行轰炸扫射，给中国人民的生命和财产造成重大损失，把战火直接烧到了中国的领空和领土，中国的安全受到严重威胁。

在朝鲜生死存亡的紧要关头，中国领土面临严重威胁的关键时刻，伟大领袖毛主席和党中央毅然作出"抗美援朝，保家卫国"的历史性决策，组建中国人民志愿军开赴朝鲜前线。

9月20日，第20军接到中央军委"立即解除攻台训练任务，开赴山东兖州地区集结"的命令。部队随即由江苏昆山火车站登车北上，10月14日到达兖州地区的姚村一线集结待命。11月3日，部队又奉命开抵吉林省梅河口地区，进行短期整补后准备入朝作战。

列车风驰电掣般地前进，车过山海关后气温骤然下降，车厢的小窗上结起一层冰霜，寒风从车门缝隙里钻了进来，战士们感到刺骨的寒冷，大家挤在车厢里相互取暖，并议论起陌生的东北来：

"连长，冷得够呛，到了目的地换不换装？"一个战士说。

"大概是要换的！"杨根思回答道。

"这么冷还能不换？要是能发件老羊皮的大衣、棉靴子就好了！"

火车在漆黑的夜色中急速前进，战士们一个个都熟睡了，杨根思躺在车厢板上迟迟不能入睡，他翻来覆去地思量着未来的战斗。

黎明时分，列车在一声长鸣中驶进了一个较大的车站。杨根思擦去车窗玻璃上的雾气，看到站台上的指示牌，才知道到了沈阳皇姑屯车站。车站沉浸在一片临战的气氛里。

列车刚停稳，营部通信员便来传达命令："所有人员不允许下车，各连原地待命，连以上干部到团部车厢开会。"

不一会儿，杨根思和指导员就从团部开会回到连队车厢。他们向战士们传达了当前战争形势和"立即入朝参战"的命令，并进行了简单的政治动员：

"同志们，战争局势发生了很大的变化，前方情况非常紧急，我们来不及补充给养和更换服装了，虽然面临的困难很大，但我们有坚强的革命意志，有顽强的战斗作风，我相信，我们是一定能打败美国侵略军的！"

动员后，干部战士个个义愤填膺，群情激昂，纷纷表达了消灭美帝国主义侵略者的坚定决心。

列车随即离开沈阳站，又急速驶向辑安（今集安）车站。战争的阴云笼罩着这座鸭绿江边的城镇。站台上，队列行进声、炮架撞击声，战马嘶叫声和汽笛声混杂在一起，渲染出一派紧张的气氛，到处散发着浓烈的硝烟味。

杨根思带着连队随大部队出了车站，到达集结位置后，便急匆匆向营部走去。他刚见到营长便急忙说道："营长，为了打好出国第一仗，我请求营党委把最艰巨的任务交给我们3连！"

"你这包炸药，捻子又点着了？"营长很理解杨根思的心情，又说道："艰巨任务少不了你们3连，当前的困难就很严重，上级首长讲了，跨过鸭绿江我们就要准备战斗，兵站线来不及设置，粮食供应不上，冬季装备更来不及补充，此外还有其他很多意想不到的困难，一时都不易解决，但是我们决不能等困难都解决了再过江！"

"打仗，又不是大姑娘出嫁，尽涂脂抹粉是不行的。"杨根思说。

"我们一定要充分预计到各种必然遇到和可能

遇到的困难，给战士们讲清楚，要有战胜一切艰难困苦的思想准备。"

"营长，我明白！"杨根思坚定地说，"困难是豺狼，不战胜它，它就会吃掉你，只要有一个坚强的意志，就不怕九十九个困难。"

"对，你要把这两句话变为全连的自觉行动！"营长拍着他的肩膀说道。

11月7日黄昏，部队接到过江的命令。由于通往朝鲜的鸭绿江铁路大桥，朝鲜一侧已被美军飞机炸断，部队只能由辑安徒步过江。

出发前，部队举行了庄严的宣誓仪式，出征的将士们紧握钢枪，宣誓道："我们是中国人民志愿军，为了反对美帝国主义的残暴侵略，援助朝鲜人民的解放战争，保卫中国人民，保卫朝鲜人民，我们开赴朝鲜战场，与朝鲜人民一起，和朝鲜人民军并肩作战，为消灭共同的敌人，为争取共同的胜利而奋斗到底！"

杨根思带领3连随着浩浩荡荡的队伍跨过鸭绿江。就要离开祖国了，杨根思不由得回头深情地望了望祖国：再见了，我的祖国！

部队为了轻装前进，战士们把背包减轻到最低限度，一切可有可无的生活用品被全部丢掉。由于形势紧迫，运输困难，重武器和粮食都来不及随队跟进。

行进中，部队关闭电台，严密伪装，严格管制灯火，夜行昼宿。夜里，部队在险峻的山间公路上疾行，敌人的夜航机在上空盘旋低回，不时发射的照明弹将天空照得亮如白昼。每当这时，部队不得不迅速隐蔽，一会儿折入小路，一会儿上傍山公路。

部队以急行军的速度，经满浦里、江界、平南、南兴洞至云山里集结。

此时，朝鲜山区已进入寒冬，部队官兵穿着薄冬衣和胶底鞋，在寒冷的野外被冻得瑟瑟发抖。

杨根思紧了紧腰带，边走边想着营长在过鸭绿江前讲的话："要充分估计到必然遇到和可能遇到的困难！"看来防冻成了一件大事，决不能出现一个非战斗减员。

部队入朝的第二天，一座刚被美军飞机炸毁的城镇出现在战士们的眼前，这就是昔日美丽繁华、工业发达的江界城。如今竟变成了一片废墟，被炸断的电线在半空中晃荡，燃烧未尽的屋架倾塌着，寒冷的空气中充斥着浓烈的焦煳味……

前面传来休息的命令。战士们站在一片废墟前愤愤地谈论着："太残暴了！把这么好的城市给全毁了。"

8班班长痛心地指着一片瓦砾废墟说："大家看看，抢光、烧光、杀光，跟当年日本侵略中国一个样。"

杨根思和指导员带着战士来到一座被炸塌的房子前，一幅惨不忍睹的景象展现在大家的面前：一个妇女倒在了血泊中，她的怀里还紧抱着一个不满周岁的婴儿，几步远的地方躺着一位被炸断双腿的老大爷……

眼前的这一切，激起了战士们满腔的怒火，许多战士眼眶里噙着悲愤的泪水。杨根思也觉得周身的血管在膨胀，脸上的肌肉在跳动，满腔的愤怒像炸药即将爆炸。他挥着拳头对战士们说道：

"同志们，看看美国强盗犯下的滔天罪行，他们杀害的是我们的阶级兄弟姐妹，杀害的是我们的亲人，朝鲜人民的苦难就是我们的苦难，我们一定要向美国侵略者讨还血债！"

"向美国侵略者讨还血债！"

"为朝鲜人民报仇！"

战士们在怒吼，满腔仇恨融进沸腾的热血，驱走了寒冷和疲劳。

部队稍作停留后又继续向目的地疾进，狂风尖厉地嘶叫着，丛林在剧烈地摇动。道路被冰雪覆盖，杨根思紧跟着前卫班，踏着没膝深的积雪探索着行进，薄棉衣早已冻成了坚硬的"盔甲"，睫毛、胡须都结了冰霜。

官兵们与暴风雪搏斗了一整夜，终于在天亮前翻过了海拔2000多米的德伦岱岭，在山沟里宿营下来。山沟里积雪很深，既没一个可隐蔽的岩洞，也没一间避寒的房屋。

杨根思安排战士们挖去一层积雪，用铁锹垒起一段半截高的雪墙，收集一些枯树枝铺在地上，撑开油布以班为单位挤在一起休息。杨根思和指导员、通信员3个人挤在一床薄棉被里取暖。杨根思怎么也静不下心来，脑海里回想起出国前团政委李树人的话："要打好仗得先把连队带好……"是啊，战士们连续急行军几天了，又冷又饿，现在休息得怎么样？他顾不得劳累，悄悄起身巡查各班。

杨根思先到8班，油布篷被狂风刮得呼呼直响，大块的积雪抖落在战士的被子上，战士们一个个蜷缩着身子，机枪手刘玉亭哼着翻了翻身。杨根思走过去蹲下来小声问道："是不是老伤口又痛了？"

刘玉亭避开问题，只是说："这鬼天气，就好像蹲在冰窖里！"

8班班长过来向连长轻声报告："班里小战士吴福被冻伤，脚趾溃烂，双手肿痛，耳朵裂开了血口子，他是南方人，年纪又小，也没有什么防寒的经验。"

杨根思听到"没有经验"这几个字，像有人在他背上猛击了一掌，他觉得自己没有尽到连长的责任，赶紧走到小吴福的身边，疼爱地把吴福的脚细细地看了一遍，接着又挨班去察看。

回到连部的油布篷里，杨根思跟指导员说："连队剩余的粮食已经不多了，战士们都在啃着硬邦邦的干粮，喝着冰凉的雪水。目前全连严重冻伤18人，所有的人耳朵、手脚都冻裂口了，情况非常严重。"他觉得作为连长应该把问题考虑得更周到些，既要有克服困难的意志和决心，又要有战胜困难的措施和办法。

指导员点了点头说："要发动各班讨论防冻措施。"

"对，群众的智慧是无穷的！"

简单的班排长会议召开以后，各班展开了激烈的讨论，有的战士提出用棉裤腰间的棉花制成"耳捂子"；有的战士想出了用引火的玉米壳来垫鞋、包脚的办法；有的战士说可以把毛巾剪成两块缝在大盖帽两边当耳帽。

战士们研究出的许多切实可行的办法，解决了不少实际问题，在营部召开的防冻会议上受到了表扬和推广。除此之外，杨根思还鼓励战士们发扬革命乐观主义精神，组织各班通过开展文娱活动、练兵演习等活动来抵御寒冷。在他和指导员的带动及细心关护下，全连连续10多天的急行军，没有出现一个非战斗减员。

雪域征途

经过第一次战役后，遭到突然打击的"联合国军"气焰依然嚣张，总司令麦克阿瑟于1950年11月24日，从东西两线发动了"圣诞节前结束朝鲜战争的总攻势"，由清川江以南气势汹汹向北冒进。

所谓"东西两线"，是麦克阿瑟制订的准备进至中国鸭绿江边，占领全朝鲜的作战计划。美第8集团军指挥8个师（含南朝鲜军4个师）3个旅另1个团的兵力在西线，美第10军指挥5个师（含南朝鲜军2个师）的兵力在东线，中间是相距130多公里的高山林立的狼林山脉。

面对美军的"总攻势"，我志愿军则采取"诱敌深入、集中优势兵力各个歼灭敌人"的战略方针，对敌发起反击。在西线，志愿军首先以第38、第42军两个军从敌右翼侧薄弱部打开战役缺口，而后实施战役迂回，切断敌人退路，配合正面的志愿军第39、第40、第50、第66军4个军从运动中各个歼敌。在东线，刚刚入朝的志愿军第9兵团的第20、第26、第27军3个军，冒着严寒，在运动中分割歼灭进攻之敌。

东线的美第10军，下辖陆战第1师、第7步兵师和第3步兵师，共计6万多人。11月23日，美军下达总攻作战命令：由陆战第1师担任主攻任务，首先攻占柳潭里和该地以西的武坪里，然后向江界继续挺进。陆战第1师是美军的王牌师，参加过很多战斗，取得过骄人的战绩。在朝鲜战争中，他下辖陆战第1、第5、第7团、第11炮兵团以及坦克营和工兵营等支援部队，总兵力2.5万人。

11月24日，陆战第1师命令第7团攻占并控制柳潭里，而后第5团超越第7团向西直取武坪里，第1团则在下碣隅里、古土里和新兴里担任守备，掩护补给线。至此，陆战第1师在长津湖地区全部展开，并完成总攻的准备。

志愿军第9兵团的第20、第26、第27军3

个军约 15 万人，他们悄悄渡过鸭绿江后，进入朝鲜的东北部，在长津湖地区实施对美军的分割包围。兵力部署是：集中第 20、第 27 军主力，歼灭美陆战 1 师两个团于柳潭里、下碣隅里、新兴里之间的地区，而后向咸兴、元山方向进攻，继续歼灭增援或南逃之敌。杨根思所在第 20 军首先割裂柳潭里、古土里与下碣隅里之敌的联系，坚决阻止美军南逃北援，而后攻击围歼下碣隅里之敌。第 27 军首先歼灭柳潭里、新兴里之敌，而后协同第 20 军歼灭下碣隅里之敌。

27 日夜，肆虐的西北风卷着雪花，吹得人睁不开眼。杨根思所在的 172 团正奉命赶往 30 公里外的大南里阻击敌人。

出发前，杨根思召集连队干部、班长骨干召开了紧急会议。他捡起一根树枝在雪地上画着："我们师要直插下碣隅里，那是美陆战第 1 师师部，咱们连担任的是全团的前卫连，今晚要奔袭 30 多公里赶到大南里，可是挡在我们面前的这座东白山，据当地老百姓讲平时就没有路，现在又大雪封山就更加难行，如果绕道走的话，就要多走

30 多公里，天亮前根本无法赶到大南里。为了按时到达，我们只能翻山闯出一条路了！"

险峻的东白山横空兀立，峭岩陡壁，白雪皑皑。林木之间枯藤缠绕，找不到一条上山的路。

杨根思带着前卫班，走在连队的最前面，挥着铁锹扫荡枯藤，拉着树条朝上攀，已经冻伤了的脸和手又被树枝枯藤划破，渗出了血，寒风一吹，钻心地痛，杨根思全然不顾。他爬累了，就扶住树干歇一会儿又继续前进。手掌裂开了口子，衣袖撕碎了，膝盖磨破了，但都挡不住战士们前进的步伐，英雄的 3 连要征服这座从未有人走过的险峻的东白山脉。

当战士们到山顶时，往下一看，陡峭的山坡被冰雪覆盖得严严实实，几棵小树稀疏地立在雪坡上，无法作为下山的依托。

杨根思向下观察了一会儿，思索着，如果一步一步向下走会延误时间，怎么办？忽然他眼前一亮，只见他解下背包把被子卷成圆筒，朝上一骑，双手紧紧抓住被筒的前端第一个滑了下去，边滑边扭头对战士们说："就这么办，像骑马一样滑下去。"

这个办法很灵,不一会儿工夫,浑身沾满雪块冰碴儿的战士们都安全到了山脚下。经过8个多小时的艰难跋涉,他们比预定时间提前3小时赶到了大南里集结地。

杨根思清点了各班人数后,他和指导员背靠背坐在枯树上歇一歇,恢复恢复体力。连日的行军,寒冷和饥饿使杨根思的颧骨更加突出,眼窝也深陷了。他刚闭上眼想休息一下,这时肚子里发出了"咕噜咕噜"的响声,真是"天将午,饥肠响如鼓"啊!昨天出发前,炊事班给他们每人盛了一碗黄豆汤,他只喝了一点汤,把黄豆全倒给了受伤的战士。整整一天,战士们也都没有一粒米、一口水下肚,渴了、饿了,就捏个雪团放在嘴里含一含。

天空中飘洒着雪花,杨根思站起身来,见大家情绪不是很高,有的在扎鞋带,有的在绑手榴弹带,没有谈话声,也没有笑声。杨根思心里微微一动,越是困难的时刻越是要有士气。于是,杨根思把手臂一扬动情地说道:"同志们,今天我们一天没有吃饭,这对我们来说并不是第一次。比起红军长征，一天不吃饭又算得了什么？红军没有粮食吃能翻雪山、过草地，我们也能照样打美国侵略者，忍受艰苦就是光荣，熬过困难就是胜利！"

这时，炊事班的同志抬着一只鼓鼓的麻袋来到杨根思的身边，杨根思看了看麻袋，声音有点哽咽地喊了声："同志们！我和指导员没有尽到责任，让大家饿着肚子上战场。"说完他又指着身边的麻袋说："营首长知道我们连断了顿，从营部匀出一部分熟土豆，刚才派人送来了，数量虽少，却代表首长的一片心啊！"

"现在开饭，以班为单位，每人一个，动作要快。"杨根思大声宣布。

战士们领过以后，最后只剩下3个了，杨根思抓起来塞到通信员手里，自己和指导员一个也没有留。3排排长看到连长和指导员一个土豆也没拿，自己也没有吃，把土豆悄悄揣进了怀里。

部队继续行军，雪越下越大，双肩落满雪花的杨根思腰带上塞满了手榴弹，右手握着驳壳枪走在连队的最前面。他踏着坚实而又急促的步子向前走着，又不时回过头来看看扛着炸药包的通信员。

全连战士紧跟在杨根思身后，直到夜幕降临，172团的战士似神兵天降，突然出现在长津湖畔。

零下30摄氏度的严寒，长津湖水冰冻数尺。深夜，杨根思带领连队在团的编成内静悄悄地从冰上越过去，跨过公路、铁路，进入预定位置。同一时刻，兄弟部队也完成了分割包围的战斗部署。

当日晚，长津湖地区狼林山脉的山林中，忽然传出惊天动地的军号声和呐喊声，东线战役正式打响。第9兵团司令员兼政治委员宋时轮、副司令员陶勇指挥第20、第27军的8个师向美军发起了猛烈攻击，10万名志愿军将士以迅雷不及掩耳之势扑向美军，一夜之间将美陆战第1师和步兵第7师截为数段。

我就不信有完不成的任务

杨根思所在的172团突破封冻的长津湖以后，1营作为全团的第二梯队，集结在下碣隅里东边的山沟里。

夜空中，曳光弹似金蛇狂舞，照明弹像明灯高悬，炮弹的爆炸声不停在周围轰鸣。一闪一闪的炮火使山谷里忽明忽暗。杨根思带着全连战士在一个高坡上待命，爆炸的火光不时映照着战士们严峻的脸庞。寒冷、饥饿、困乏早就被驱赶得无影无踪。每个人都像上膛的炮弹，只要一拉炮栓，就会在敌群中开花。

杨根思凝神谛听并不太远的枪炮声，判断着它的距离和激战的程度。

隆隆的炮声、轰轰的手榴弹爆炸声、密集的机枪、步枪声交织在一起，不断地在山谷里回响。下碣隅里西南角临时飞机场的爆炸声尤为激烈。忽然间，正北的山头上两颗红色信号弹腾空而起。杨根思告诉大家："那里的山头已被我们占领。"

近旁的战士们低声欢呼起来。

这时，指导员来到杨根思他们中间，他们一起跨上山坡，瞩目远望，四面泛起的炮火光芒更大了，他们不约而同地赞叹起来：

"千军万马、四面八方，分割围歼，好家伙，够美国侵略者受的。"

"这下子，纸老虎变成烂纸皮了！"

杨根思说："夜间战斗这样激烈，天亮以后，敌人一定会拼命反扑，该轮到我们上了！"

山沟里有一座孤零零的茅草房，那是1营的临时指挥所。烛光下，团政委、营长和教导员紧盯着战役部署图，交换着意见。营长去团部受领任务回来时，团政委李树人也一起跟着来到了1营。他们商量后一致决定：还是把这个硬骨头任务交给3连。

"通信员，把3连长叫来。"

"是！"营部通信员刚出去不久，门外就响起一阵重重的脚步声，随着门上油布的掀起，一个满身冰雪的人带着一股凉风闪了进来。

"营长，把最艰巨的任务交给我们3连吧！"

"看，杨根思又来抢任务了！"政委李树人接过话说道。

跟随杨根思进屋的营部通信员说："半路上就碰到了。"

杨根思把军帽一掀，头上还冒着热气。他本

来就是来找营长要任务的，路上遇到营部通信员以后，简直是一路小跑过来，通信员怎么也撵不上。

"3连长，这次不让你白跑。"营长笑着一招手，"上这儿来。"

杨根思走到摊开地图的桌沿，团政委示意他再靠近一点。地图上红色的箭头从各处伸向美国侵略军侵占的据点，形成了分割包围的态势。营长手中的铅笔指着地图上一个重重的叉号处，对杨根思说道："这是下碣隅里，美陆战第1师一部就被围困在这里。"

杨根思的眼睛随着笔尖迅疾转动。

"这是1071.1高地，又叫飞鹤山，是下碣隅里外围的制高点。这是1071.1高地东南的屏障——小高岭，它地处新兴里、柳潭里和下碣隅里'Y'字形三岔交点的位置上，是1071.1高地东南的屏障，当然也是敌我双方控制的必争之地。柳潭里、新兴里的美军要撤逃，必须经过下碣隅里，卡住了它，就卡住了长津湖地区美军经下碣隅里通往古土水、咸兴、元山的要道。前两天美国侵略者一直沿着这条公路北犯，现在正溃不成军地败退下来。打个比方，如果这里是下碣隅里大门的话，小高岭就是一根门闩！"

营长把"门闩"说得很重，抬头看了杨根思一眼。杨根思眉梢耸动了一下，眼光紧紧盯住了地图上的飞鹤山。

"经过一夜激战，友邻部队从西面攻进去了，战斗正向飞机场推进。172团的其他各营都已穿插到了铁路边上。明天天一亮，敌人发觉四面被围，一定会不惜一切代价拼命进行反冲击，夺取小高岭和1071.1高地，以便实现突围南逃的企图。"营长说完，看了看团政委，政委李树人接着说道：

"关键就在小高岭，守住了小高岭，就切断了敌人的退路，就能保证围歼美陆战第1师的目的顺利实现。"

营长脸色严峻地说："杨根思！你们的任务就是守住这个阵地，粉碎敌人突围的企图。根据小高岭的地形，只能部署一个排的兵力，你亲自带领一个排，另外配属你一挺重机枪，天亮以前接替6连1排，要牢牢守住这个阵地，不许敌人爬上小高岭寸步！"说完，他看了看杨根思，问道："有什么困难吗?"

"没有困难! 我就不相信有完不成的任务!"杨根思字字铿锵地回答。

"你是出了名的'三个不相信'!"政委笑着说道,"单靠勇气还不够,你的对手美国海军陆战队第1师,是美军中历史比较悠久的部队,他们是一股非常骄横的敌人,曾跟随'八国联军'侵略过中国,号称美国的'常胜军',被誉为'美利坚之剑',很有战斗经验,说什么4次出国作战,都从未打过败仗。所以,尽管我们把他看作'纸老虎',但也要当作'铁老虎'来打。要注意的是,初战的胜利特别重要。"

杨根思掂量着政委、营长这些话的分量,回答说:"我带着3排上去,保证人在阵地在!"

政委李树人紧紧地握着杨根思的手,营长、教导员、副营长,都停止手中的工作,注视着杨根思。

"首长! 还有没有指示?"杨根思昂首挺胸地请示道。

政委说:"回到连里,抓紧时间做好思想动员工作。"

杨根思满怀信心地告别了首长，跨着大步走出了营指挥所。

杨根思这个在毛泽东思想培育下成长起来的优秀战士，为人民屡建功勋的英雄，经受抗日战争和解放战争历练出来的优秀指挥员，现在又要接受更艰巨的任务考验了。

杨根思从营部回到连队，整装待发的战士们在风雪中听连长传达任务，进行战斗动员。

杨根思握紧拳头大声说："在革命战士面前，我就不相信有完不成的任务，不相信有克服不了的困难，不相信有战胜不了的敌人。毛主席说过，一切反动派都是纸老虎，我看美帝国主义就是纸老虎，这一回要打它一个稀巴烂，让它知道中国人民的厉害！"

队伍要出发了，杨根思托起指导员陈文宝的一只手，把一个东西郑重地放在他的掌心，轻声地说："老陈，这个东西请你替我保管。"

指导员拿起来一看，那是杨根思一直系在腰间，包着奖章纪念章的小布包。这是党和人民给予杨根思的荣誉，也是杨根思对党和人民赤诚的心。指导员知道这是杨根思最珍贵的东西。

指导员仿佛预感到了什么，他激动地说："老杨，我和同志们等待着你们胜利归来。"

杨根思深情地紧握了一下指导员的手，随后转身拔出插在腰上的驳壳枪，举起左臂高喊道："3排跟我上小高岭，1、2排随指导员去主峰！"

指导员也迅速整理队伍向1071.1高地进发。飞舞的雪花还在不停地下着，连续不断的炮火照亮了天空、映红了山坳。

在通往小高岭的路边，团长周伯明站在这里等候杨根思，他是从1营营长的电话里得知，战斗英雄杨根思将带领3排担负扼守小高岭的艰巨任务，他特地在这里等候。

杨根思踏着厚厚的积雪，率领队伍走了过来。团长迎上去紧紧握住杨根思的手："杨根思同志，坚守小高岭的任务艰巨，意义重大啊！"

"团长，我明白！"

"要想尽一切办法，决不让敌人爬上小高岭，坚决把他们消灭在阵地之前。"团长坚定地说道。

"我代表全排战士向首长保证，只要还有一个人，就要战斗下去，人在阵地在！"

"人在阵地在！"全排战士响亮地回答。

团长的视线有些模糊了，他站在雪地里目送着这些可爱的战士们，目送着杨根思远去的背影……

血战小高岭

1950年11月29日拂晓，天下起了大雪，气温降到了零下40摄氏度，杨根思带领3排30余人（含营机炮连配属的4人），迎着扑面的寒风踏上了小高岭。他仔细观察了地形以后，更加清楚地知道扼守小高岭的重要性。向西北望去，冰封的长津湖尽收眼底；山脚下，隔着一大片开阔地就是下碣隅里；市镇前的公路桥看得清清楚楚，步枪可以直接射击到下碣隅里傍边儿的美军飞机场。从下碣隅里通向咸兴、元山的公路，紧贴着小高岭的脚下拐了个弯向南伸去。这条公路是向南的唯一通路，扼守住了小高岭，等于卡住了美陆战第1师的脖子，用营长的话来说，就是插上了"门闩"，使敌人无法向南突围。

杨根思把驳壳枪插进腰带，指着小高岭下的公路对战士们说："大家都看见了，美陆战第1师已被兄弟部队团团围住，他们拼死拼活想从这条公路向南突围，我们能让这些屠杀朝鲜人民的刽子手从我们的眼皮子底下逃走吗？"

"不能！"战士们齐声回答。

"对，决不能让这帮强盗逃掉！我们要像一把尖刀扎在敌人的咽喉上，坚决守住小高岭，决不后退半步！"

随着黎明的到来，雪下得更大了，严寒使战士们眉毛、胡须上挂着冰凌，脚和鞋早已冻在一起，整个身子如同在冰窟里。杨根思把7班、8班布置在敌人进攻的重点方向——小高岭的右翼，把9班布置在左翼，营机炮连配属的1挺重机枪安置在小高岭的后侧。

积雪覆盖的小高岭并不险峻，没有天然可以

据守的地形，松林低矮而稀疏，也没有可以利用的工事。小高岭上的土石冻得十分坚硬，无法构筑掩体战壕，战士们挥动十字镐、铁锹，才勉强挖成了一些简易的散兵坑。

杨根思部署好部队，他再一次环视阵地，更加感到形势的严峻：小高岭面向下碣隅里的方向，坡度不大，敌人便于进攻，而通向 1071.1 高地的鞍部相对较长，火力无法支援，最主要的是部队缺少重武器，连队里的八二炮也仅只有几发炮弹。这些都给坚守小高岭带来很大的困难，加上敌人急于逃脱被围歼的命运，必然要作困兽之斗。杨根思清醒地预感到，小高岭上必将有一场激烈残酷的争夺战。

天亮之后，一阵阵沉重的飞机马达声闷雷似的由远而近。美军先是出动了 11 架飞机，向 1071.1 高地和小高岭投下了大批的炸弹和凝固汽油燃烧弹。随后，山下的敌人又向小高岭进行了一阵猛烈炮击。

瞬息之间，冻结了的空气变得灼热起来。白雪覆盖的小高岭被敌机掷下的凝固汽油弹燃烧成了一片火海，把埋在深雪里的乱草烧成了焦黑。石块、泥土、钢铁碎片和硝烟把战士们压在简易的工事里，有的战士衣服被敌人投下的汽油弹点着了，他们在地上翻身打滚，或是挥着帽子扑打着身上的火苗。

杨根思抖落了身上的泥土，大声叫喊道："同志们，敌人的炮弹坑就是最好的工事。"副排长拿起铁锹边干边喊："来，趁着土热抢修工事！"一时间，战士们挥动铁锹、十字镐，迅速把炮弹坑变成了一个个简单的掩体。

敌人的炮火又一次开始向1071.1高地延伸。经验告诉杨根思，敌人的进攻就要开始了。他拔出腰间的驳壳枪，摆好几颗手榴弹，命令道："准备战斗！"

一群端着卡宾枪的美军在小高岭的右翼出现了，刚开始是小心翼翼地往上爬，后来竟大摇大摆地涌上来。这是一群迷信钢铁的队伍，他们满以为经过猛烈的炮击、轰炸之后，占领小高岭就是轻而易举的事情。

"等敌人靠近我们30米再打，听我的命令开火。"杨根思的命令迅速在阵地上传递着。

战士们屏住呼吸，一双双愤怒的眼睛紧盯着步步逼近的敌人，一支支仇恨的枪口对准强盗的胸口，手榴弹都拧开了铁盖，手指上套着拉环。

敌人越爬越近了，80米、60米、40米、30米……

"打！"杨根思一声怒吼，轻重武器一齐开火。傲慢的美军遭到突如其来的沉重打击，立即露出原形，滚的滚、爬的爬，丢下一片尸体，溃退了下去。

美军的第一次攻击被无情地打退了。紧接着，美军的炮火又向小高岭倾泻下来，小高岭再次笼罩在硝烟之中。敌人报复性炮击比第一次更加猛烈。

突然间，杨根思从轰隆的炮声中听到了两种不同的声响。透过烟雾，他看到小高岭右翼公路上有敌人的坦克在蠕动，8辆坦克掩护着密集的敌人又从公路边涌上来，开始了第二次冲击。

杨根思大声命令道："注意隐蔽，把敌人放到山上来再打！"

敌人端着卡宾枪、步枪，毫无目标地进行射

击，越来越逼近，连面孔也看得十分清楚了。

"打！"杨根思大喊一声，一枚枚手榴弹冰雹似的砸向敌群。8班与7班的机枪手一左一右，将一梭梭子弹射向成片的敌人。突然，7班机枪手在换弹匣的瞬间被敌人子弹击中头部倒下了，杨根思飞奔过去一把接过机枪，向着敌人继续猛烈扫射。

敌人顿时乱了阵脚，纷纷掉转身往山下溃逃。

杨根思纵身跃出弹坑，把手枪一举，高呼着："为了祖国人民！为了朝鲜人民！冲啊！"

战士们呼应着旋风般地扑向敌人，刺刀在闪光，枪托在挥舞，喊杀声震慑敌胆。3排长端着刺刀连续撂倒了3个敌人，刺刀折弯了，他又抡起枪托与敌展开白刃格斗，正当他将枪托挥向一个美军的脑袋时，从侧面射来的一颗子弹击中了他的腰部，3排长倒下了，还在高喊着："同志们，要坚守阵地……"

混战中，又一批敌人涌上山来。杨根思当机立断，命令8班从山腰插向敌人侧后，7班、9班从小高岭向下压去。面对勇猛的志愿军战士，敌人望而生畏，他们在坦克炮火的掩护下弃尸溃逃了下去，敌人连续 3 次的进攻以失败结束。

溃退的敌人撤到山下以后，公路上的坦克像暴怒的野兽咆哮了一阵，又从小高岭右翼爬上山坡，一群敌人再次跟在坦克后面冲了上来。

杨根思目光紧紧盯着领头的坦克，顺手从掩体坑内拖出一包炸药，正准备要往外冲时，7 班一个战士突然喊道："连长，让我上！"杨根思侧头一看，只见 7 班战士赵有新抱着炸药包跃了出去，直奔领头的那辆坦克。

"火力掩护！"杨根思命令道。9 班机枪手的机枪"嗒嗒嗒"地向坦克后面的敌人扫射起来。

7 班赵有新从侧面接近坦克，准确将炸药包塞进坦克的履带后，迅速转身隐蔽。一声巨响，领头的坦克猛烈震动一下就歪向了一边，被炸断的履带"哗啷啷"地滑动着，后面几辆坦克见势不妙，快速掉转车头向山下逃去。

美军的多次冲锋被打退了，阵地前横七竖八地躺着一片美军的尸体。

云层紧紧压住了 1071.1 高地的顶端，雪花已不再飘落，小高岭上燃烧的松枝还在冒着黑烟，杨根思和战士们团团围着呼吸微弱的3排长。

3排长干裂的嘴唇微微动了几下，喃喃地说道：

"连长，给……同志们……"他那只从怀里伸出的手无力地垂了下来，两个半块土豆也随着滚了出来。

"3排长！3排长！"杨根思托着3排长的头呼喊着。

杨根思紧捏着还带有3排长体温的土豆，心里充满了悲愤。他呼地一下站起来，望着战士们说道："同志们，我们要化悲痛为力量！我们在这里流的每一滴血，都是为了祖国人民和朝鲜人民的幸福；我们在这里多坚持一分钟，就能够多消灭一群美国侵略者！"

趁着战斗间隙，杨根思又迅速组织大家抢修工事，检查武器，收集美军丢下的弹药，并把可以用来打击敌人的石头也垒在了工事前。

此时，血战小高岭的战斗从清晨一直打到上午10点多，美军连续发动了8次疯狂进攻，丢下上百具尸体，但小高岭始终控制在志愿军手中。

刚设置好工事，美军 10 多架重型轰炸机又铺天而来，不断在 1071.1 高地和小高岭上低空盘行，进行轰炸、扫射。敌人的狂轰滥炸，隔断了 1071.1 高地与小高岭之间的联系。此时 3 排伤亡十分惨重，弹药也即将耗尽。

飞机轰炸过后，敌人又向小高岭进行了持续 20 分钟的炮击。

密集的炮火把整个小高岭的泥土掀翻了一遍又一遍。突然，杨根思被一阵强烈的热浪所掀倒，他什么也看不见、听不到了，头上和胸部一阵剧痛，背上仿佛压上了一块巨石。他知道自己被深埋在土里了，他在心里默默念叨："站起来，站起来！坚守阵地，决不能让敌人爬上来！"他铆足全身力气才挣出地面。杨根思抖落满身的泥土，撩起衣襟揩去眼眶的污泥，睁开眼一看，阵地上除了自己其他什么也看不见了，就连遗弃在阵地前敌人的尸体也被炸飞了。

一股鲜血从杨根思额头上和着泥土流下来，肋骨在隐隐作痛，手脚疼得也不听使唤。此时的杨根思已经顾不得这一切，他要看看战士们现在都怎么样了，他左右来回观察着、寻找着。

突然，一颗扎着绷带的脑袋从泥土里钻了出来。"刘玉亭！"杨根思赶紧奔过去把他拉了出来。

杨根思和刘玉亭不断地用手扒着蠕动的浮土，又有几个战士陆续钻了出来。杨根思清点了一下人数，阵地上连他在内只有 5 个人还活着。

这时，通信员小王背着一箱手榴弹爬了上来，他边走边高喊着："连长！手榴弹！还有纸条。"

杨根思接过纸条一看，是营长的笔迹，上面写着：

"亲爱的 3 连同志：你们是红军的连队，英雄的传人，你们要发扬有我无敌的战斗精神，坚决守住小高岭，相信你们一定能守得住！"

杨根思反复读着，他又大声念给战士们听，5 位战士受到极大的鼓舞，齐声呼喊道：

"我们坚决守住阵地，决不后退半步！"

围在一起的战士们，脸上被炮火熏黑了，两只眼睛紧紧看着连长。杨根思拉着帽檐对同志们说道："这个阵地不能丢，也不会丢，只要我们勇敢，绝不会有敌人的好下场！"

杨根思把右手一伸，又开五指，提高嗓音说："敌人凶，我们要凶过它！打仗不在人多人少，要打得巧妙，就是一个人也要消灭敌人，坚决守住阵地！大家能做到吗？"

"能做到！我们是红军连队的战士！"

"对！我们是红军连队的战士，为了祖国，为了朝鲜人民，坚决守住小高岭！只要我们还有一个人、一口气，就要继续战斗下去！打完子弹拼枪托，拼断枪托拼铁锹，拼坏铁锹拼石头！誓死守住小高岭！"

英雄化金星

美军新一轮进攻又开始了，集团冲锋的敌人战战兢兢地向小高岭上爬来，越来越近，一顶顶钢盔在眼前晃动着。

小高岭上的重机枪突然响起，敌人倒下一大片，疯狂的敌人继续往上攻，战斗越来越激烈。

8班班长的弹药已打尽，他端着步枪跃出工事，飞身闯入敌群与敌厮杀，倒在了血泊中。

左翼的敌人还在往上涌，7班一名战士的衣服被敌人的火焰喷射器点着了，他咬着牙猛地跳起，带着呼呼的火苗冲入敌群，死死搂住一个美军，其他美军都吓得慌忙狼狈逃窜！

被炸伤左腿的通信员小王，一只手支撑着身体，另一只手还把手榴弹狠狠地投向敌群。此时的3排，也只剩下杨根思、重机枪排长和负伤的通信员小王。

杨根思命令通信员小王："赶快撤下去！"

"不，我不下去！"小王挣扎着想站起来，"就是死也要死在阵地上！"

"这是命令！把阵地上的情况告诉指导员和营首长，有我杨根思在，小高岭就不会丢！"

这时，重机枪排长报告："连长，子弹打光了。"

"射手呢？"杨根思问。

"他牺牲了。"

"你把重机枪带上，赶快撤下去！革命的武器一定要保存好。"杨根思的语气斩钉截铁。

"连长您呢？"排长问。

杨根思说："有人在，阵地才可以守住！你赶快带着重机枪和小王撤下去！"

"我不撤，我跟着你坚持战斗到底！"

"执行命令！告诉营首长，杨根思坚决守住阵地！誓与阵地共存亡。"

"连长……"重机枪排长的声音哽咽了。

"快撤！"

满脸血迹、浑身伤痕的杨根思整理了一下军衣，然后摘下军帽，掸掉上面的尘土，又端端正正地戴在头上。他收拾起仅有的可用武器：1包炸药、3枚手榴弹和手中的驳壳枪，选了一处洼地坐了下来，密切注视着敌人。

寒风吹拂着杨根思那破碎不堪的衣服，熊熊燃烧的烈火映照着杨根思刚毅的身躯。小高岭一片寂静，杨根思知道这异常的平静孕育着一场更猛烈的风暴。

阵地上虽然只有他一个人，但他感到力量无限，不管美帝国主义怎样凶残，不管敌人再怎么发动大规模的进攻，他一定要守住阵地，一定能守住阵地。

美军的进攻一路势如破竹，却没有想到在这个弹丸之地付出了惨重的代价。连续数次进攻非但寸土未得，反而在小高岭的阵地上留下了100多具尸体。

不大一会儿，一大群敌人号叫着再次向小高岭涌来。小高岭上没有还击，于是他们直起腰、昂起头叫喊着，以为他们征服了小高岭上的勇士。敌人越来越近了，这时，杨根思突然站起身，举起驳壳枪，将摇着军旗的指挥官击毙，接着又将3枚手榴弹投向惊魂未定的敌群，阵地前又增加了十几具敌人的尸体。

敌人被这突如其来的袭击吓得惊慌失措，趴的趴，逃的逃，乱作一团。不一会儿，又有40多个美军壮着胆子冲了上来。

危急关头，杨根思猛然从弹坑里跃起身来，用最后的驳壳枪射杀近敌，直至打完最后一颗子弹，然后抱着仅有的一个炸药包，拉燃导火索，冲向敌群。

随着一声震天动地的巨响，敌人腐烂变泥土，英雄辉煌化金星。杨根思用鲜血和生命守住了阵地，阻挡住了美军的又一次进攻，完成了切断美军退路的阻击任务，为部队向下碣隅里的美军发起总攻赢得了宝贵的时间。

小高岭上的爆炸声紧紧揪住正撤向1071.1高地的重机枪排长和通信员小王的心，他俩回过头看着小高岭上发生的一切，不禁失声痛哭起来："连长！"

尾 声

　　英雄乘风去，魂魄励后人。

　　1950 年 12 月 24 日，新华社发出了《不朽的杨根思排》通讯电稿，在全国和志愿军广大指战员中引起了强烈反响。杨根思"人在阵地在"的英雄壮举，体现了中国人民志愿军战士同敌人血战到底的英雄气概，体现了中国军队要压倒一切敌人而决不被敌人所屈服的钢铁意志，体现了中国人民高度的无产阶级觉悟和伟大的国际共产主义精神。

　　杨根思那誓死坚守小高岭的钢铁誓言和他抱着炸药包冲向敌群的光辉形象，永远铭刻在人们的心中。战后，官兵们在整理杨根思的遗物时，发现了他生前用过的硬皮日记本，扉页上面写着他的战斗誓言："不相信有完不成的任务，不相信有克服不了的困难，不相信有战胜不了的敌人。"这"三个不相信"英雄宣言成了他的遗言，也成了他留给后人最为宝贵的精神财富。

为表彰杨根思的英雄事迹，经中央军委批准，1952年9月20日，中国人民志愿军给杨根思烈士追记特等功臣，追授"特级英雄"荣誉称号。杨根思生前所在3连被命名为"杨根思连"。1953年6月25日，朝鲜民主主义人民共和国最高人民会议常任委员会追授杨根思"朝鲜民主主义人民共和国英雄"称号和一级国旗勋章、金星奖章。志愿军司令员兼政治委员彭德怀题词赞扬他是"中国人民的优秀儿子，国际主义的伟大战士，志愿军的模范指挥员"。

为了世世代代铭记杨根思的功勋和伟大的国际主义精神，朝鲜人民在杨根思英勇牺牲的地方，竖起一座镌刻着"永垂不朽"的纪念碑；在朝鲜首都平壤的中朝友谊塔上也记录着特级英雄杨根思的英雄事迹。杨根思的名字，列入了朝鲜民主主义人民共和国英雄榜，载入朝鲜人民军的军史，融入朝鲜民族的历史，定格在朝鲜人民记忆之中。

1952年10月25日，杨根思烈士遗骸运回国内，安葬在辽宁省安东市锦江山麓。1953 年 9 月，杨根思烈士墓由安东迁往沈阳，志愿军代司令员兼代政委邓华和政治部主任杜平联合署名为杨根思刊碑，杜平撰写了碑文：

"……志愿军为了围歼麇集下碣隅里的美国侵略军，命令杨根思带领一个排，坚守包围圈的制高点小高岭。敌人夺路逃命，对小高岭实施猛烈攻击，但几次反扑都被杨根思和勇士们击退。继之，敌人发起第九次反扑，杨根思和他的几名战友，仍坚守阵地和敌人苦战，但他们射出最后一发子弹时，四十多个敌人已经爬上山头。在这危急时刻，杨根思抱起一包炸药包，拉响导火线，猛然冲向敌群，一声巨响，和敌人同归于尽，英雄用鲜血守住了小高岭，保障了整个战役取得胜利。"

1955 年 10 月，经江苏省人民政府批准，杨根思的家乡五官乡改名为"根思乡"，羊货郎店改名为"根思村"，并在杨根思家乡兴建了"杨根思烈士陵园"。在烈士陵园高耸的纪念碑上，镌刻着老一辈革命家陈毅元帅亲笔题字："杨根思烈士碑"，纪念碑后面矗立着杨根思怀抱炸药包威武凛然的塑像。塑像正中镌刻志愿军司令员兼政委彭德怀的亲笔题词："中国人民的优秀儿子、国际主义的伟大战士、志愿军的模范指挥员——杨根思烈士永垂不朽！"

每逢清明节和英雄杨根思牺牲的日子，数以万计的干部、工人、农民、军人、青少年学生怀着崇敬的心情前来祭扫烈士，悼念缅怀英雄。

"忆英雄业绩，做英雄传人"，早已成为"杨根思连"全体官兵融入血脉的基因。每当新兵入伍、老兵退伍和干部战士调出调入连队，第一件事就是向老连长宣誓，观看《杨根思》《英雄儿女》电影，学唱《杨根思之歌》，参观连队荣誉室。每当晚点名呼点老连长名字时，全连官兵集体答"到"；执行任务必须打起"杨根思连"旗帜，完成任务情况和取得重大成绩首先向老连长汇报，使官兵在各种任务中不间断地接受英雄传统的熏陶，鞭策官兵奋发向上、永不止步。

2009年9月，杨根思被评为"100位新中国成立以来感动中国人物"。

2016 年 7 月 10 日，以"杨根思连"为主组建的中国第二批赴南苏丹维和步兵营步兵 1 连在维和战场上，面对武装冲突，连队下士李磊、四级军士长杨树朋毫不畏惧，冒着枪林弹雨战斗在硝烟弥漫的维和一线，坚守战位，不幸壮烈牺牲，用鲜血和生命践行了老连长杨根思"人在阵地在"的铮铮誓言，诠释了新时期革命军人的忠诚使命和铁血担当，谱写了新的"英雄赞歌"。

2017 年 8 月 1 日，中共中央总书记、国家主席、中央军委主席习近平在庆祝中国人民解放军建军 90 周年大会上的重要讲话中指出："在枪林弹雨的战场上，面对气焰嚣张的强大敌人，人民军队曾经发出了'三个不相信'的英雄宣言：在革命战士面前，不相信有完不成的任务，不相信有克服不了的困难，不相信有战胜不了的敌人！英勇顽强，视死如归，血战到底，人民军队用大无畏的气概赢得了党的信任、人民赞誉，也赢得了世界尊敬。"

沧海横流处，英雄本色真，"三个不相信"是英雄的遗言，也是杨根思带领3排上小高岭前的战斗动员令，时至今日，依然荡气回肠，让人肃然起敬，正是这种有我无敌、视死如归的英雄气概，才使我们这支军队能够以少胜多，以弱胜强，钢多气盈骨更硬，敢于打败一切来犯之敌！

2019年9月25日，杨根思被评为"最美奋斗者"。

后 记

　　70年前，朝鲜长津湖地区1071.1高地东南小高岭上的那一声巨响，铸就了"特级英雄"杨根思永恒的光辉顶点。杨根思虽已离去，长眠在沈阳志愿军烈士陵园里，但始终没有离开过我们，永远活在中朝人民的心中：人们在他战友的追思文章中，在志愿军老战士的回忆录里，在史学家的研究著作、文学家的文学影视作品中，在他家乡的纪念馆里，以及在老部队军史馆陈列的遗物和事迹介绍中，处处都可真切地感知到他的存在，传颂着他的故事，铭记着他的英名。杨根思是永恒的！我们敬仰他！怀念他！为使他的英雄事迹和伟大的精神得以更加广泛地传颂，我们也需要不断地书写他！

　　本书充分吸取了前人的研究成果，从杨根思烈士平凡而伟大的一生中遴选了最典型、最具代表性的英雄事迹，结合中国革命发展历程和英雄烈士的人生经历，在充分尊重史实的基础上编写完成，力求用生动感人的英雄故事，传递英雄烈士伟大的革命精神。在编写过程中，得到军事科学院军队政治工作研究院领导和机关的大力支持；赵一平、李博、邓礼峰、张明金、康月田、陈政举、潘宏等专家学者进行了审读，提出了宝贵的意见；杨根思生前部队中国人民解放军71622部队提供了珍贵的资料并参与了编写。

参考书目：《抗美援朝战争史》(军事科学院军事历史研究所编／军事科学出版社)、《解放军烈士传》(总政组织部编／解放军出版社)、《中国人民志愿军烈士英名录》(总政组织部编／解放军出版社)、《陆军第20集团军军史》(曹学德、陶方桂等著／黄河出版社)、《杨根思》(望昊著／中国青年出版社)、《特级英雄杨根思》(特级英雄杨根思创作组编著)、《杨根思的故事》(石仲泉、陈登才主编／中共党史出版社)。

在此，谨向关心和提供帮助的各位领导、专家学者，以及上述书目作者、编辑致以最诚挚的谢意！

图书在版编目（CIP）数据

杨根思 / 军事科学院解放军党史军史研究中心编著. --
北京：学习出版社，2020.9（2021.5重印）
　（中华先烈人物故事汇）
　ISBN 978-7-5147-1004-5

Ⅰ.①杨…　Ⅱ.①军…　Ⅲ.①杨根思（1922-1950）—
传记　Ⅳ.①K825.2

中国版本图书馆CIP数据核字（2020）第148127号

杨根思
YANG GENSI

军事科学院解放军党史军史研究中心

责任编辑：李　岩　朱仕娣		封面绘画：刘书移	
技术编辑：贾　茹		内文插图：韩新维	
美术编辑：杨　洪			

出版发行：**学习出版社**
　　　　　北京市东城区崇外大街11号新成文化大厦B座11层
　　　　　（100062）
　　　　　010-66063020　010-66061634　010-66061646
网　　址：http://www.xuexiph.cn
经　　销：新华书店
印　　刷：北京联兴盛业印刷股份有限公司

开　　本：787毫米×1092毫米　1/32
印　　张：5
字　　数：71千字
版次印次：2020年9月第1版　2021年5月第2次印刷

书　　号：ISBN 978-7-5147-1004-5
定　　价：20.00元

如有印装错误请与本社联系调换，电话：010-67081356